cocinar hoy

Pescados

EDITORIAL DE VECCHI

Traducción de María Guadalupe Romero.

Diseño gráfico de la cubierta de Design 3.

Fotografías de la cubierta y del interior (y las recetas correspondientes) de © Studio Novak - Milán.

© Editorial De Vecchi, S. A. U. 2002
Consell de Cent, 357. 08007 BARCELONA
Depósito Legal: B. 6.721-2002
ISBN: 84-315-2819-2

INTRODUCCIÓN

Actualmente, el pescado está al alcance de casi todo el mundo. Sin embargo, este alimento y los platos que se pueden preparar con él todavía siguen manteniendo una imagen de excepcionalidad, de elementos preciosos que pueden dar un toque especial a cualquier comida o cena.

El pescado es un alimento muy importante porque es rico en proteínas nobles, vitaminas (en particular A y D) y sales minerales, además de ser mucho más fácil de digerir que la carne.

No obstante, y pese a todas sus virtudes, el pescado no es un elemento demasiado frecuente en nuestras mesas, aunque en los últimos tiempos se haya advertido una leve inversión de esta tendencia. Los factores que juegan en contra de un aumento en el consumo del pescado son tanto de origen cultural y económico, como de orden práctico. A estos factores, se les han ido sumando ciertas creencias que no siempre se ajustan a la realidad.

Hemos mencionado que hoy el pescado es muy apreciado, pero no siempre ha sido así, y además no para todas las clases; un ejemplo muy ilustrativo de cómo los gustos van cambiando a lo largo de los siglos, lo podemos hallar en la época del Imperio romano, donde los platos con pescado eran mucho menos apreciados que los de carne, a excepción de las morenas que, criadas en acuarios, se vendían a precios desorbitados. Sin embargo, y a pesar de esta y muchas otras curiosidades alimentarias, durante mucho tiempo las proteínas consumidas procedían principalmente de la carne.

Una tímida difusión del pescado tuvo lugar cuando apareció el cristianismo, que, tras un primer momento de intransigencia, lo aceptó como alimento para los días de Cuaresma, es decir, para casi la mitad del año, ya que a la Cuaresma propiamente dicha se sumaban otros periodos de menor duración, además de las vigilias de las fiestas. El cristianismo, por lo tanto, desempeñó un papel muy importante en la introducción del pescado en una cultura básicamente carnívora. En ese sentido cabe destacar la influencia de los primeros evangelizadores en el norte de Europa, que iniciaron a sus habitantes en el arte de la pesca.

Todos los testimonios que hallamos sobre el consumo de pescado en la época medieval hacen referencia al pescado de agua dulce, que se comía en el mismo lugar en el que se pescaba; por tanto, se puede presuponer que esta actividad se concentraba principalmente a lo largo de los ríos y en lagos, y no en el mar. Del exiguo número de pescadores, dan cuenta los censos de la época, según los cuales otros oficios estaban más extendidos.

El hecho de que el pescado se introdujera como un alimento «alternativo» a la carne, en una cultura preferentemente carnívora, quizás llevó a una visión negativa del mismo. A este factor cabe sumarle las teorías médicas galénicas, según las cuales el pescado era un animal «frío», y por ello no era adecuado para alimentar al hombre, animal de sangre caliente.

Existía, además, un problema objetivo, que consistía en el rápido deterioro del pescado y en la dificultad de transportarlo, lo que constituyó una ligera ventaja para algunas especies que se mantenían vivas durante algunos días, como por ejemplo las anguilas. Para el resto, estas dificultades se tradujeron en un mayor coste de venta. De hecho, durante mucho tiempo y hasta hace bien poco, el pescado fresco ha sido sinónimo de lujo; y a las clases menos favorecidas no les quedaba otro remedio que consumir pescado seco, ahumado o salado.

Por otra parte, la «ligereza» del pescado, es decir, la facilidad de digestión del mismo respecto a la carne, que hoy es una de sus cualidades más apreciadas, en épocas en las que la mayoría de personas sufrían el hambre cotidianamente constituía uno de sus mayores defectos. Hasta el siglo XIX el pescado no fue un alimento muy apreciado, pero a partir de esta fecha comenzó a tener una imagen positiva por el hecho de ser un manjar caro. No obstante, los platos realizados con pescado seguían cocinándose sólo en ocasiones especiales.

El pescado según Platina

A continuación, transcribimos las reflexiones de Platina sobre el pescado, puestas de manifiesto en su *De honesta voluptate* en el siglo XV. Como veremos, a medio camino entre la Antigüedad y la Edad Moderna, ya existían ciertas convicciones dietéticas que todavía hoy sostienen algunos detractores del consumo de pescado. «La naturaleza de los peces que comemos habitualmente es fría y húmeda, al igual que el elemento del cual proceden, pero parece que la de los peces de mar lo sea menos a causa de la salinidad. Cocinado de todas las maneras, el pescado de mar se considera poco sano: de hecho, no se considera un buen alimento y produce mucha sed. (...) Otros consideran que el pescado de mar es mejor que el de río; el de río, que el de lago; el de lago, que el de pantano. Para mí son más apreciables los peces que viven entre rocas que los que viven en la arena, y estos últimos más que los que viven en los pantanos o en las ciénagas. Además, no son despreciables los peces que por instinto natural suben desde el mar a los ríos o que bajan desde los ríos hasta el mar. En cualquier caso, todas las clases de peces cuestan de digerir debido a su humedad y viscosidad; además, generan sangre fría y flemática, con la cual se originan graves enfermedades, como la debilidad de nervios, la predisposición a la parálisis, el ardor».

Sólo en época reciente, el pescado ha sido rehabilitado de sus connotaciones negativas, se han reconocido sus propiedades organolépticas y se ha aconsejado su consumo en las dietas adelgazantes y de mantenimiento, para quienes padezcan trastornos digestivos, etc. Además, su ligereza es determinante: los platos de pescado pueden formar parte de las típicas comidas o cenas compuestas por varios platos, sin que los comensales se sientan demasiado pesados.

Algunos consejos

Los numerosos tipos de pescado pueden agruparse en peces de agua dulce y peces de agua salada; estos últimos también incluyen los mariscos.

Al contrario de lo que sucede con los peces de mar, los de agua dulce suelen ser bastante insípidos y, por ello, deben formar parte de platos aromáticos; en contrapartida, el gusto delicado de sus carnes se presta a muchas preparaciones complejas. Las mismas formas de preparación pueden servir para «salvar» un pescado de mar no demasiado fresco.

Entre los peces de mar, el pescado azul (caballa, anchoas, etc.) no tiene todavía el reconocimiento que se merece, porque erróneamente se le considera muy graso. De hecho, esta característica es muy relativa porque, efectivamente, es el pescado más graso, pero en cualquier caso es menos graso que la carne.

En general, las recetas de pescado deben incluir pocos ingredientes, pero de primera calidad. En cuanto al pescado fresco, lo ideal sería cocinarlo enseguida, pero si no es posible (y de hecho casi nunca lo es), debe limpiarlo y conservarlo dentro de la nevera en un recipiente hermético y, preferentemente, con una rejilla en el fondo; antes de cocinarlo, deberá enjuagarlo y secarlo de nuevo.

Para abrir el pescado y quitar espinas y escamas, no es necesario que disponga de utensilios específicos, basta con tener unas buenas tijeras de cocina, además de un cuchillo bien afilado para poder filetearlo o cortarlo a trozos.

Recuerde que si debe escamar el pez, es mejor que lo haga antes de quitarle las vísceras porque la operación le resultará mucho más fácil. Para evitar que las escamas salten por todo, puede utilizar un utensilio específico con tapa, o bien realizar la operación con el pescado metido dentro del agua o bajo el chorro del grifo.

Cuidado con los filetes o rodajas disponibles en las pescaderías: a veces es una estrategia para vender como fresco un pescado que si se vendiera entero evidenciaría que ya no lo es tanto. No obstante, los filetes y las rodajas de pescado son una innegable ventaja para quien no dispone de mucho tiempo; además, aunque el precio sea más caro, está justificado por el hecho de que se trata de un peso neto. Por tanto, depende sólo de usted el valorar el grado de confianza que le merece el vendedor.

Otra ventaja de los filetes, las rodajas y los platos cocinados sin espinas reside en la facilidad de consumirlos, tanto en aquellas reuniones de cierto nivel en las que resulta difícil limpiar y comer un pescado entero en el plato, como en la comidas cotidianas, especialmente cuando hay niños en casa. Los redondos, albóndigas, croquetas y budines de pescado permiten aprovechar las sobras del pescado asado o hervido.

Para hervir el pescado, en agua, en un caldo de verduras, o al vapor, se debería utilizar una cazuela especial. Antes de descartar la posibilidad de comprarla, tenga en cuenta que estos tipos de cazuela son muy útiles porque tienen un doble fondo que también permite la preparación de platos de larga cocción, como asados, redondos, lacón, etc.

Cuando prepare pescado asado, envuelva la cola con papel de aluminio para que no se queme. En el caso de cocciones en el horno de pescados bastante gruesos, es muy útil practicar algunos cortes oblicuos y profundos para que el calor llegue rápidamente hasta el interior, y para que las especias se repartan de manera más uniforme.

Cuando cocine con microondas, recuerde que debe colocar los trozos más pequeños en el centro del plato. Los moluscos se cuecen sin necesidad de añadir agua.

No nos cansaremos de repetir que el pescado necesita una cocción breve a una temperatura no demasiado alta; en particular —y esta puede ser una óptima noticia para quienes tengan siempre prisa—, la cocción en el microondas está especialmente indicada para el pescado, tanto porque la temperatura que se alcanza no es excesivamente alta, como porque no se necesitan tantos condimentos y el tiempo de cocción se reduce todavía más.

De hecho, uno de los puntos fuertes del pescado es precisamente el breve tiempo de cocción que necesita; con un poco de práctica y de organización, descubrirá que solo aparentemente una receta de pescado es más complicada que una receta de carne; como en todos los platos, hay muchas recetas donde elegir.

Salvo en contadas excepciones, el pescado se tiene que cocinar al momento; es obvio que esta característica representa un problema para quienes disponen de poco tiempo, pero la rapidez de cocción y el hecho de que se pueda preparar con antelación constituyen una ventaja que compensa lo anterior. Por ejemplo, se puede meter el pescado al horno cuando nos sentemos en la mesa, de modo que, cuando hayamos acabado el primer plato, el pescado ya esté en su punto justo de cocción.

Acompañar con el vino adecuado

Según una larga tradición, los platos elaborados con pescado se acompañan con un vino blanco. Indudablemente, esta es una de las asociaciones más consolidadas y de inmediata comprensión, incluso para quienes no sean unos expertos enólogos o gastrónomos, porque el tanino presente en los vinos tintos no combina bien con el delicado sabor del pescado: basta imaginar una comida en la que se beba un tinto con mucho cuerpo acompañando una langosta para entender que la combinación sería desastrosa para ambos. Sin embargo, también hay que tener en cuenta los diversos tipos de pescado y los ingredientes utilizados en su preparación, porque, a veces, la unión vino blanco y pescado puede dejar lugar al uso de vinos rosados o incluso tintos.

El pescado guisado y preparado con vino tinto, como la caldereta de pescado, no desprecia en absoluto un vino tinto joven, poco tánico y ligeramente frío. Lo mismo se puede decir para los peces grasos, como la anguila, incluso cuando se cocina hervida.

El pescado preparado con salsas rojas requiere vinos blancos secos con un cierto cuerpo, una buena graduación alcohólica y no demasiado aromáticos: todas estas características también se pueden encontrar en un rosado.

El pescado hervido o cocinado con salsas blancas se acompaña de vinos blancos jóvenes, secos y de baja graduación alcohólica.

El pescado a la plancha o las frituras requieren vinos blancos secos con cuerpo, o un rosado suave.

En lo que respecta a la distinción entre peces de agua dulce y peces de agua salada, debe recordar que los primeros son casi siempre más delicados y, por tanto, requieren vinos no demasiado secos y ligeramente aromáticos, como algunos blancos.

RECETARIO

Ingredientes para 4 personas

1 kg de boquerones

8 alcachofas

2 dientes de ajo

1 limón

pan rallado

menta

perejil

aceite virgen extra de oliva

sal

Tiempo de preparación
1 hora y 30 minutos

Bebida recomendada
Vino tinto joven de Rioja

Boquerones
con alcachofas

Limpie los boquerones retirando las espinas, lávelos, séquelos y resérvelos. Pele las alcachofas eliminando las hojas más duras, córtelas a láminas y póngalas en agua aderezada con zumo de limón.

Sofría el ajo picado, añada las alcachofas, un vaso de agua, una picada de menta y perejil y deje cocer a fuego moderado durante 10 minutos.

En una bandeja para horno untada con aceite, coloque los boquerones, sazone con sal, añada las alcachofas, espolvoree con pan rallado y deje cocer en el horno a 180° durante 15 minutos. Añada más perejil, mezcle bien y sirva los boquerones.

Quitar la piel

Algunos peces, como el lenguado, se pelan antes de cocinarlos. Con un cuchillo pequeño corte la piel negra a la altura de la cola, levántela un poco y dé un tirón en dirección a la cabeza; dé la vuelta al pescado y haga lo mismo por el otro lado; finalmente, corte cuidadosamente la zona de las espinas. Para quitar la piel a una anguila, frótela con harina amarilla o sal gruesa. Corte la piel alrededor de la cabeza, sujete bien el pescado y tire de la piel en dirección a la cola.

 Ingredientes para 4 personas

1 kg de anguilas

5 dl de vino blanco

2 zanahorias

1 cebolla

1 rama de apio

1 limón

perejil

salvia

menta

aceite virgen extra de oliva

sal - pimienta

Tiempo de preparación
1 hora

 Bebida recomendada
Vino tinto joven del Penedés

Anguila
a las finas hierbas

Limpie y quite las vísceras de las anguilas, retire la piel y córtelas a trocitos.

Pique las zanahorias, la cebolla y el apio y sofríalos en un poco de aceite, añada el pescado y dore. Agregue el vino, déjelo que se evapore levemente, salpimente, añada una picada de finas hierbas y deje cocer durante 15 minutos a fuego vivo. Antes de apagar el fuego, rocíe con limón.

 INGREDIENTES PARA 4 PERSONAS

800 g de anguila

100 g de pulpa de tomate

2 dientes de ajo

1 cebolla

20 olivas negras - vino blanco

perejil - harina

aceite virgen extra de oliva

sal - pimienta

 TIEMPO DE PREPARACIÓN
1 HORA

BEBIDA RECOMENDADA
VINO BLANCO DEL SOMONTANO

ANGUILA CON OLIVAS

Limpie las anguilas, quíteles la piel, elimine la cabeza y córtelas a taquitos.

En una sartén bastante grande, dore la cebolla picada con aceite, añada la anguila enharinada, sal, pimienta, y rocíe con un poco de vino.

Deje reducir un poco y agregue el tomate y la picada de ajo.

Tápelo y deje cocer durante 15 minutos; añada las olivas cortadas groseramente 5 minutos antes de que finalice la cocción.

Antes de apagar el fuego, espolvoree con un poco de perejil picado.

Sirva la anguila caliente.

Hervir crustáceos

Todos los crustáceos se pueden hervir, aunque debe tener en cuenta varios factores. En primer lugar, recuerde que una cocción excesiva perjudica su delicada carne, por lo que debe respetar unos tiempos indicativos: los langostinos de tamaño normal se cuecen en 3-4 minutos; en el caso de las gambas, este tiempo se limita a un simple hervor. Los crustáceos más grandes (langosta, bogavante, centollo) necesitan entre 15 y 20 minutos por kilo; por ello, en el caso de una langosta de 500 g, 7-8 minutos serán suficientes.

 INGREDIENTES PARA 4 PERSONAS

2 langostas

2 dl de cava

200 g de nata para postres

2 escaloñas

1 cebolla grande

estragón

coñac

mantequilla

sal

guindilla

 TIEMPO DE PREPARACIÓN
45 MINUTOS

BEBIDA RECOMENDADA
CAVA DEL PENEDÉS

LANGOSTA CON SALSA DE CAVA

Hierva las langostas, escúrralas, córtelas por la mitad, dispóngalas en un plato de servicio y resérvelas en caliente.

Trinche las escaloñas y la cebolla y sofríalas en una sartén con un poco de mantequilla hasta que se ablanden. Sazone con sal, riegue con el cava y deje que se evapore un poco.

Añada la nata y apague el fuego. Agregue un poco de guindilla bien desmenuzada y espolvoree con estragón.

Vierta la salsa sobre las langostas y sirva enseguida.

INGREDIENTES PARA 4 PERSONAS

800 g de filetes de bacalao en remojo

200 g de pulpa de tomate

125 g de harina

2 dl de cerveza

1 cebolla

1 zanahoria

1 rama de apio

romero

aceite virgen extra de oliva

sal - pimienta

aceite para freír

 TIEMPO DE PREPARACIÓN
35 MINUTOS

 BEBIDA RECOMENDADA
CERVEZA FUERTE

BACALAO A LA CERVEZA

Lave los filetes, páselos por harina y fríalos en una sartén con abundante aceite. Escúrralos y reserve en caliente.

En otra sartén sofría la cebolla, la zanahoria, el apio y el romero bien picados.

Añada la cerveza, la pulpa de tomate y el bacalao. Salpimente y deje cocer durante 25 minutos.

Sirva caliente.

Poner en remojo el bacalao y la bacalada

Ponga a remojar el bacalao o la bacalada en abundante agua fría y cámbiela a menudo (al menos 4-5 veces al día). Para el bacalao, con 2-3 días será suficiente; en el caso de la bacalada se necesitarán al menos 5 días. En ambos casos, cuando la piel del pescado se pueda quitar fácilmente ya se podrán cocinar.

 INGREDIENTES PARA 4 PERSONAS

800 g de bacalao en remojo

4 dl de caldo vegetal

1 cebolla - mostaza

aceite virgen extra de oliva

sal - pimienta

 TIEMPO DE PREPARACIÓN
1 HORA Y 30 MINUTOS

 BEBIDA RECOMENDADA
VINO TINTO JOVEN DE NAVARRA

BACALAO A LA MOSTAZA

Hierva el pescado durante una hora, escúrralo y dispóngalo en un plato de servicio. Resérvelo en caliente.

Sofría la cebolla trinchada en una sartén con un poco de aceite. Añada el caldo, la sal, la pimienta, dos cucharaditas de mostaza, y deje cocer en el fuego hasta que la salsa se espese.

Vierta la salsa sobre el pescado y sirva enseguida.

BACALAO CON PIMIENTOS

⚖ INGREDIENTES PARA 4 PERSONAS
*800 g de bacalao
   en remojo
100 g de pulpa de tomate
2 pimientos rojos
2 pimientos verdes
1 cebolla
1 guindilla
perejil
albahaca
vino blanco
harina
aceite virgen extra de oliva
sal - pimienta*

🕐 TIEMPO DE PREPARACIÓN
1 HORA Y 15 MINUTOS

🍾 BEBIDA RECOMENDADA
VINO ROSADO DE NAVARRA

Lave el bacalao, séquelo, córtelo a pedazos y páselo por harina. Trinche la cebolla y sofríala junto a la guindilla desmenuzada en una cazuela con un poco de aceite.

Añada el bacalao y dórelo por ambas partes.

Vierta un vaso de vino blanco; cuando se evapore, agregue la pulpa de tomate. Salpimente. Cubra la cazuela con una tapa y deje cocer durante 30 minutos.

Mientras se cuece, limpie los pimientos quitándoles semillas e hilos blancos, y córtelos en filetes.

Añádalos al bacalao junto a una picada de perejil y albahaca. Continúe la cocción con la cazuela tapada durante otros 30 minutos. Sirva bien caliente.

INGREDIENTES PARA 4 PERSONAS

800 g de bacalao en remojo

2 guindillas verdes

1 limón - 1 escaloña

1 tomate - 1 rama de apio

albahaca - perejil

aceite virgen extra de oliva

TIEMPO DE PREPARACIÓN
1 HORA

 BEBIDA RECOMENDADA
VINO BLANCO SECO DE RIOJA

BACALAO MARINADO

Lave el bacalao, séquelo, y con un cuchillo bien afilado córtelo en tiras finas en el sentido de las fibras.

Unte un recipiente con el zumo del limón, coloque las tiras de bacalao y deje reposar durante media hora dándoles la vuelta cada 10 minutos.

Aliñe con aceite y guindilla.

Deje reposar durante otros 10 minutos girando las tiras de bacalao un par de veces más.

Añada el tomate, la escaloña, el apio a rodajas, unas cuantas hojas de perejil y de albahaca, y guárdelo en la nevera hasta que tenga que servirlo.

Bocaditos de anguila con panceta

Ingredientes para 4 personas: *1 kg de anguila - 100 g de panceta - 1 diente de ajo - 1 limón - mantequilla - perejil - vino blanco - sal*

Tiempo de preparación
40 minutos

Bebida recomendada
Vino rosado del Penedés

Limpie las anguilas (si no son demasiado grandes, no hace falta pelarlas), lávelas y córtelas en tacos. Sazone con un poco de sal, coloque una rodaja de limón sobre cada pedazo y enróllelos con las lonchas de panceta atándolos con un hilo fino. Dórelos en una sartén antiadherente con muy poca mantequilla y un diente de ajo; continúe la cocción a fuego moderado, y a mitad de cocción, retire el diente de ajo. Dispóngalos en un plato, quite el hilo y reserve en caliente. Retire un poco de grasa del fondo de cocción, añada medio vaso de vino blanco y reduzca la salsa a fuego vivo, agregando una cucharadita de harina si es necesario. Vierta esta salsa bien caliente por encima del pescado, espolvoree con perejil picado y sirva.

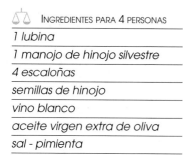

INGREDIENTES PARA 4 PERSONAS

1 lubina
1 manojo de hinojo silvestre
4 escaloñas
semillas de hinojo
vino blanco
aceite virgen extra de oliva
sal - pimienta

 TIEMPO DE PREPARACIÓN
40 MINUTOS

BEBIDA RECOMENDADA
VINO BLANCO DE RUEDA

LUBINA AL HINOJO

Corte las escaloñas en rodajas y dispóngalas en una bandeja para horno untada con aceite. Salpimente la lubina por dentro y por fuera y rellénela con un manojo de hinojo y una cucharadita de semillas de hinojo. Colóquela en la bandeja.

Vierta un chorrito de aceite sobre la lubina, espolvoree con las semillas de hinojo restantes y cueza en el horno a 180° durante 20 minutos.

A mitad de cocción, rocíe el pescado con un poco de vino.

La escaloña

Se trata de un bulbo de la familia de las cebollas, muy difundido en el pasado y en la gastronomía de algunas zonas de España, que también recibe los nombres de *cebolla ascalonia* y *ajo chalote*. Su peculiar sabor, «mitad ajo mitad cebolla», es bastante suave y muy adecuado para los platos de pescado. En las recetas que incluyen este ingrediente, se debe ablandar en aceite a fuego lento sin que llegue a sofreír porque se vuelve un poco amargo. A falta de este ingrediente, puede sustituirlo con una pequeña cantidad de ajo y cebolla, mezclados a partes iguales.

INGREDIENTES PARA 4 PERSONAS

1 lubina de 1 kg
5 escaloñas
1 limón - perejil
tomillo - mejorana
cebolletas
aceite virgen extra de oliva
sal - pimienta

 TIEMPO DE PREPARACIÓN
40 MINUTOS

BEBIDA RECOMENDADA
TXAKOLÍ

LUBINA A LAS FINAS HIERBAS

Corte las escaloñas en rodajas y dispóngalas en una bandeja para horno untada en aceite.

Rellene el pescado con una picada de hierbas finas, sal y pimienta. Vierta un chorrito de aceite y espolvoree con finas hierbas. Deje cocer en el horno a 180° durante 20 minutos.

Al final de la cocción rocíe la lubina con el zumo de un limón.

CALAMARES CON PIÑONES

 INGREDIENTES PARA 4 PERSONAS

800 g de calamares

300 g de pulpa de tomate

100 g de olivas negras

2 dientes de ajo

30 g de piñones

vino blanco - perejil

aceite virgen extra de oliva

sal - pimienta

TIEMPO DE PREPARACIÓN
35 MINUTOS

 BEBIDA RECOMENDADA
**VINO BLANCO JOVEN AFRUTADO
DE TARRAGONA**

Fría el ajo en el aceite, retírelo y vierta la pulpa de tomate. Salpimente y deje cocer durante unos 10 minutos.

Añada los calamares ya limpios y lavados, agregue los piñones y las olivas y rocíe con un poco de vino. Deje cocer tapado durante 15 minutos.

Vierta en un plato de servicio, espolvoree con perejil bien picado y sirva.

CALAMARES A LAS FINAS HIERBAS

 INGREDIENTES PARA 4 PERSONAS

8 calamares

300 g de finas hierbas

200 g de pulpa de tomate

3 huevos

3 escaloñas

pan rallado

queso parmesano rallado

vino blanco

perejil

aceite virgen extra de oliva

sal

pimienta

TIEMPO DE PREPARACIÓN
1 HORA

 BEBIDA RECOMENDADA
**VINO BLANCO DE AGUJA
DE EMPORDÀ-COSTA BRAVA**

Limpie los calamares y reserve los tentáculos aparte. Hierva y pique las hierbas. Póngalas en un cuenco junto a los tentáculos cortados a trozos grandes, los huevos, una cucharada de pan rallado, tres de parmesano y un chorrito de aceite. Amalgame la mezcla y salpimente.

Rellene los calamares y ciérrelos con un palillo.

Dore las escaloñas en una sartén con un poco de aceite. Añada los calamares hasta que tomen un poco de color.

Vierta un poco de vino blanco, agregue la pulpa de tomate, un poco de perejil picado y salpimente. Deje cocer durante 30 minutos.

Espere hasta que los calamares estén tibios, entonces córtelos a rodajas y sirva con el jugo de cocción.

INGREDIENTES PARA 4 PERSONAS

8 calamares

8 rebanadas de pan tostado

1 diente de ajo

guindilla

vino blanco

albahaca

aceite virgen extra de oliva

sal

TIEMPO DE PREPARACIÓN
50 MINUTOS

BEBIDA RECOMENDADA
**VINO BLANCO DE COSTERS
DEL SEGRE**

CALAMARES
CON PAN TOSTADO

Limpie los calamares, lávelos y séquelos.

En una sartén ancha, sofría el ajo con la guindilla desmenuzada. Añada los calamares, sálelos y deje cocer a fuego vivo durante 20 minutos.

Agregue medio vaso de vino y continúe la cocción durante otros 20 minutos más.

Cuando finalice la cocción, añada una picada de albahaca y sirva acompañado con pan tostado.

CALAMARES Y MERLUZA CON PIMIENTOS

 INGREDIENTES PARA 4 PERSONAS
500 g de filetes de merluza
450 g de patatas nuevas
250 g de calamares
   cortados en anillas
170 g de panceta
4 tomates - 2 cebollas
2 dientes de ajo
1 pimiento rojo
1 pimiento verde
vino blanco - perejil
aceite virgen extra de oliva
sal - pimienta

TIEMPO DE PREPARACIÓN
1 HORA

BEBIDA RECOMENDADA
VINO ROSADO DE LANZAROTE

Caliente dos cucharadas de aceite en una cazuela, añada las cebollas trinchadas y sofríalas a fuego lento durante 5 minutos. Agregue el ajo picado, los pimientos a tiras y la panceta a dados. Cueza otros 5 minutos. Vierta medio vaso de vino y añada los tomates troceados y las patatas enteras. Salpimente. Lleve a ebullición y cuando rompa a hervir baje el fuego y deje cocer a fuego lento durante unos 15 minutos.

Añada el pescado y continúe la cocción durante otros 15 minutos, removiendo de vez en cuando. Antes de servir, espolvoree con una picada de perejil.

INGREDIENTES PARA 4 PERSONAS

8 calamares - 200 g de cigalas

100 g de queso fresco - 2 huevos

2 dientes de ajo - vino blanco

queso parmesano rallado

perejil

aceite virgen extra de oliva

sal - pimienta

 TIEMPO DE PREPARACIÓN
1 HORA

BEBIDA RECOMENDADA
VINO BLANCO DEL VALLE DE LA OROTAVA

CALAMARES RELLENOS

Limpie los calamares, elimine las entrañas y la concha interior. Reserve los tentáculos aparte.

Pele las cigalas. Tritúrelas y póngalas en un cuenco junto a los tentáculos también triturados, el ajo picado, el queso fresco, los huevos batidos y una cucharadita de parmesano. Salpimente y amalgame bien todos los ingredientes.

Rellene los calamares con esta mezcla y ciérrelos con un palillo. Dispóngalos en una bandeja para horno untada en aceite, rocíelos con un poco de vino, espolvoree con perejil, y cueza a 180° durante 25 minutos. Deje que se enfríen hasta que estén tibios. Córtelos en rodajas y sirva.

 INGREDIENTES PARA 4 PERSONAS

1 kg de róbalo - 50 g de alcaparras

100 g de olivas negras deshuesadas

100 g de tomate tamizado

4 filetes de anchoas en aceite

1 limón - 1 diente de ajo

perejil - sal - pimienta

aceite virgen extra de oliva

 TIEMPO DE PREPARACIÓN
40 MINUTOS

BEBIDA RECOMENDADA
VINO BLANCO DE RUEDA

RÓBALO CON SALSA DE TOMATE Y OLIVAS

Limpie y elimine las vísceras del pescado, lávelo y séquelo. Páselo por aceite por ambos lados hasta que se dore. Salpimente y rocíelo con zumo de limón. Espolvoree con una picada de perejil, ajo, alcaparras y anchoas. Agregue el tomate y las olivas cortadas por la mitad. Mezcle bien todos los ingredientes y deje cocer durante 10 minutos.

Disponga el plato en una bandeja de servicio y sirva.

 INGREDIENTES PARA 4 PERSONAS

800 g de filetes de mero

250 g de harina

1 cebolla

azúcar - vinagre

aceite virgen extra de oliva

sal - aceite para freír

 TIEMPO DE PREPARACIÓN
50 MINUTOS

 BEBIDA RECOMENDADA
VINO BLANCO DEL SOMONTANO

MERO EN SALSA AGRIDULCE

Introduzca los filetes de mero en una pasta compuesta por harina, medio vaso de agua, tres cucharadas de aceite y un pellizco de sal. Fría el pescado en abundante aceite caliente y resérvelo.

Ablande la cebolla trinchada en una cazuela con una cucharada de agua, añada tres cucharadas de vinagre, tres de azúcar, un poco más de agua, y lleve a ebullición. Cuando rompa a hervir, deje cocer durante 10 minutos. Vierta la salsa sobre el pescado y sirva enseguida.

RAPE
EN PAPILLOTE

⚖ INGREDIENTES PARA 4 PERSONAS

4 trozos de rape
60 g de menta
60 g de pulpa de coco
  rallada gruesa
4 dientes de ajo
4 guindillas verdes sin
  semilla
1 limón
comino deshidratado
aceite virgen extra de oliva
sal - pimienta

🕐 TIEMPO DE PREPARACIÓN
40 MINUTOS

🍷 BEBIDA RECOMENDADA
**VINO BLANCO FRESCO
DEL PENEDÉS**

Lave y seque el pescado. Dispóngalo sobre un trozo ancho de aluminio para horno. Salpimente.

Mezcle en un cuenco la pulpa de coco, tres cuartas partes de menta triturada, la guindilla y el ajo picados, una cucharadita de comino, el zumo de limón y dos cucharaditas de aceite.

Reparta bien este compuesto sobre el pescado y cierre el papillote de aluminio.

Deje cocer en el horno a 190° unos 20 minutos.

Coloque el papillote en un plato de servicio, ábralo y sírvalo tras haberlo espolvoreado con la menta restante.

⚖ INGREDIENTES PARA 4 PERSONAS

4 colas de rape

2 limones

2 pepinillos en vinagre

1 cebolla - 1 manzana

1 huevo

harina - mostaza

tomillo

aceite virgen extra de oliva

sal - aceite para freír

🕐 TIEMPO DE PREPARACIÓN
40 MINUTOS

🍶 BEBIDA RECOMENDADA
VINO BLANCO RIAS BAIXAS

RAPE AL LIMÓN

Trocee el rape y póngalo a macerar en zumo de limón con un pellizco de sal durante, como mínimo, 30 minutos.

Mientras tanto, triture la cebolla, los pepinillos, la manzana y el huevo, y añada el aceite que necesite para obtener una salsa suave y espesa. Agregue una cucharadita de mostaza y una de tomillo.

Escurra los trozos de rape, séquelos, páselos por harina y fríalos en aceite muy caliente.

Disponga el rape en un plato con papel de cocina para que desprenda el aceite sobrante. Sírvalo bien caliente y acompañado de la salsa.

⚖ INGREDIENTES PARA 4 PERSONAS

1 kg de rape

150 g de fresas

2 zanahorias

2 puerros

1 melón pequeño

perifollo

mantequilla

sal

pimienta

🕐 TIEMPO DE PREPARACIÓN
1 HORA

🍶 BEBIDA RECOMENDADA
CAVA DEL PENEDÉS

RAPE
CON MELÓN Y FRESAS

Limpie el rape y lávelo. Séquelo bien.

Rehogue el pescado en una sartén con una nuez de mantequilla. Retírelo de la sartén y colóquelo en un plato de servicio reservándolo en caliente.

En la misma sartén, rehogue las zanahorias peladas y cortadas a dados y los puerros a rodajas finas.

Salpimente, añada un poco de agua y deje cocer hasta que los ingredientes estén blandos.

Corte el melón por la mitad, quítele las pepitas y córtelo.

Quite la cáscara de cada trozo y rehóguelos en otra sartén con una nuez de mantequilla.

Lave las fresas, séquelas cuidadosamente, córtelas por la mitad y añádalas al melón.

Deje la fruta al fuego durante unos minutos.

Corte el rape a rodajas, vierta la salsa de verduras, un poco de perifollo picado, el melón y las fresas, y sirva enseguida.

Ingredientes para 4 personas

800 g de rape

3 dl de caldo vegetal

4 puerros

4 alcachofas

1 limón

vino blanco seco

aceite virgen extra de oliva

sal

pimienta

Tiempo de preparación
40 minutos

Bebida recomendada
Vino tinto joven de baja graduación de Ribera del Duero

Rape con puerros y alcachofas

Corte en trozos el rape y lávelo. Pele las alcachofas, córtelas a gajos y dispóngalas en agua con limón. Pele los puerros, córtelos a rodajas y póngalos en una cazuela con cuatro cucharadas de aceite y el caldo. Añada las alcachofas, tape la cazuela y deje cocer durante 10 minutos. Transcurrido este tiempo, agregue un poco de vino blanco, deje evaporar y añada los trozos de rape. Deje cocer tapado durante otros 10 minutos; salpimente. Sirva bien caliente.

 Otro consejo

Puede triturar el fondo de cocción con la batidora y verterlo sobre el rape. Si queda demasiado líquido, espéselo con maicena.

Clasificación del pescado

El pescado se puede clasificar en:
• graso (caballa, atún), con más de 8 g de lípidos cada 100 g;
• semigraso (dentón, pez espada, sardina, salmonete, trucha, besugo), con entre 8 y 3 g de grasas cada 100 g;
• magro (anchoa, bacalao, pulpo, lenguado, bacalada), con menos de 3 g de grasa cada 100 g.

 Ingredientes para 4 personas

800 g de filetes de merluza

1 huevo - 1 limón

pan rallado

albahaca

sal - aceite para freír

Tiempo de preparación
15 minutos

Bebida recomendada
Vino rosado afrutado de Ribera del Duero

Merluza empanada con albahaca

Lave y seque bien los filetes.

Páselos por un huevo batido con un poco de sal y después por el pan rallado.

Fríalos en abundante aceite caliente, espolvoréelos generosamente con albahaca bien picada y rocíelos con limón.

Sirva enseguida.

Ingredientes para 4 personas

4 trozos de mero

3 limones - 2 huevos

pan rallado - perejil

sal - pimienta

aceite para freír

Tiempo de preparación
15 minutos + 30 minutos de adobo

 Bebida recomendada
Vino rosado de Jumilla

Mero empanado

Ponga el pescado en adobo con el zumo de 2 limones, perejil, sal y pimienta durante unos 30 minutos.

Escurra los trozos de mero, páselos por los huevos batidos y después por el pan rallado.

Fríalos en abundante aceite y sírvalos bien calientes rociados con un poco de limón.

INGREDIENTES PARA 4 PERSONAS

1 dentón de casi 1 kg

100 g de panceta ahumada a tiras

perejil

perifollo

eneldo - vinagre balsámico

sal - pimienta

TIEMPO DE PREPARACIÓN
30 MINUTOS

 BEBIDA RECOMENDADA
VINO ROSADO DE NAVARRA

DENTÓN CON PANCETA

Rocíe el interior del dentón con algunas gotas de vinagre, salpimente y rellene con las hierbas picadas.

Enróllelo con las tiras de panceta, espolvoréelo con las hierbas e introdúzcalo en el horno a 180° durante 25 minutos dándole la vuelta a mitad de cocción.

Déjelo reposar unos minutos antes de servirlo.

DENTÓN A LA SICILIANA

 INGREDIENTES PARA 4 PERSONAS

1 dentón de 1,2 kg

300 g de pulpa de tomate

100 g de olivas negras

2 berenjenas

2 dientes de ajo

vino blanco seco - guindilla

aceite virgen extra de oliva

sal

 TIEMPO DE PREPARACIÓN
1 HORA

 BEBIDA RECOMENDADA
VINO TINTO JOVEN DE RIBERA DEL DUERO

Lave las berenjenas y córtelas a dados sin pelarlas. Rehóguelas en la sartén durante un par de minutos con cuatro cucharadas de aceite y el ajo picado. Añada la pulpa de tomate y viértalo todo en un recipiente para horno.

Limpie el dentón y sazone su interior con un poco de sal. Rellénelo con las olivas deshuesadas y troceadas, y con un pellizco de guindilla.

Rocíe con vino, añada un chorrito de aceite e introdúzcalo en el horno a 160° durante 45 minutos, mojándolo de vez en cuando con el fondo de cocción.

Sirva caliente.

Otro consejo

Cuando sirva este plato, reparta también el relleno de olivas entre los comensales.

Limpiar el pescado

Todo el pescado se tiene que limpiar bien inmediatamente después de haberlo comprado. Tras efectuar un corte en la barriga desde la cabeza hasta la abertura anal, debe extraer las vísceras y enjuagarlo varias veces para eliminar cualquier rastro de residuos. Hay quien opina que también se tienen que quitar las branquias y las aletas dorsales y ventrales. En el caso de los peces planos, no es necesario efectuar el corte en la barriga: enganche las branquias con el dedo índice y tire fuerte. Si el pescado es fresco, eliminará todos los intestinos.

DENTÓN PICANTE

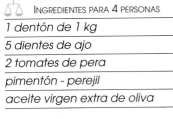 INGREDIENTES PARA 4 PERSONAS

1 dentón de 1 kg

5 dientes de ajo

2 tomates de pera

pimentón - perejil

aceite virgen extra de oliva

 TIEMPO DE PREPARACIÓN
50 MINUTOS

 BEBIDA RECOMENDADA
VINO ROSADO DE CONCA DE BARBERÀ

Limpie el dentón, quítele las espinas y córtelo a tacos. En un mortero maje el ajo, los tomates y el perejil. Sofría esta mezcla en una sartén con un poco de aceite. Añada el dentón, rehóguelo y espolvoréelo con un par de cucharadas de pimentón. Agregue dos vasos de agua hirviendo y cueza a fuego vivo durante los primeros 5 minutos, y después a fuego moderado durante otros 15 minutos.

Sirva bien caliente.

Filetes de dentón con tomate

⚖ INGREDIENTES PARA 4 PERSONAS: *1 dentón de 1kg - 4 tomates - 2 dientes de ajo - romero - vino blanco - aceite virgen extra de oliva - sal*

🕐 TIEMPO DE PREPARACIÓN
50 MINUTOS

🍷 BEBIDA RECOMENDADA
VINO BLANCO SECO DE VALENCIA

Limpie el pescado quitándole las escamas y las vísceras, y córtelo en filetes eliminando las espinas que hayan podido quedar en la carne; corte cada filete en dos partes a lo ancho. Limpie una rama de romero con un paño, quite las hojas y píquelas finamente con un cuchillo; pele y pique los dientes de ajo. Ponga los tomates en el horno a temperatura muy alta durante 3 minutos, pélelos, quite las semillas y córtelos a pedazos. En una bandeja para horno ponga el ajo, el romero y el aceite, y deje a temperatura muy alta durante 5 minutos; añada los filetes de pescado, rocíelos con el vino, eche el tomate por encima, sazone con un poco de sal y deje cocer a 180° durante 20 minutos girando el pescado a mitad de cocción. Disponga los filetes en un plato de servicio, vierta el fondo de cocción por encima de ellos, espolvoree con romero y sirva.

INGREDIENTES PARA 4 PERSONAS

800 g de merluza

80 g de zumo de lima

80 g de nata

60 g de mantequilla

2 dl de vino blanco

2 huevos

1 melón - 1 cebolleta grande

perejil

sal - pimienta

 TIEMPO DE PREPARACIÓN
40 MINUTOS

 BEBIDA RECOMENDADA
VINO BLANCO DE REQUENA

FILETES DE MERLUZA CON MELÓN Y LIMA

En una bandeja para horno disponga los filetes de merluza, un manojo de perejil y la cebolleta troceada. Riegue con el vino y un cucharón de agua, rectifique de sal y cueza en el horno a 180° durante 20 minutos. Mientras tanto, divida el melón por la mitad, retire las semillas y realice bolas. Prepare la salsa: ponga en un cazo un poco de mantequilla, 1 dl de la salsa de cocción de la merluza y el zumo de lima, y lleve a ebullición. Añada la nata, a la cual habrá incorporado las yemas de los huevos, y salpimente. Cueza la salsa hasta que se reduzca, a fuego muy bajo y sin que llegue a hervir. Disponga los filetes calientes en platos individuales, vierta la salsa de lima y decore con las bolitas de melón y una ralladura muy fina de cáscara de limas.

FILETES DE LENGUADO AL VINAGRE BALSÁMICO

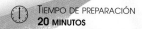 INGREDIENTES PARA 4 PERSONAS
4 filetes de lenguado
2,5 dl de vino blanco
2 escaloñas
1 manojo de hierbas
   frescas (tomillo, salvia,
   estragón)
vinagre balsámico
mantequilla - sal - pimienta

 TIEMPO DE PREPARACIÓN
20 MINUTOS

BEBIDA RECOMENDADA
VINO BLANCO DE MONTILLA

Salpimente los filetes de lenguado, páselos por la sartén con un poco de mantequilla durante un par de minutos hasta que se doren bien por ambas partes. Retire del fuego y reserve en caliente. Añada las escaloñas, las hierbas picadas muy finamente y algunas gotas de vinagre balsámico al fondo de cocción del pescado. Riegue con vino blanco y deje que se reduzca la salsa a fuego medio.

Rectifique de sal y de pimienta, ponga otra vez los lenguados en la sartén y deje cocer 3 minutos más. Sirva los filetes con su salsita acompañándolos con unos pequeños timbales de arroz blanco y selvático.

Ingredientes para 4 personas

4 filetes de lenguado

100 g de finas hierbas

50 g de piñones

3 dl de vino blanco

3 dl de caldo vegetal

4 cucharadas de nata

2 rebanadas de pan rústico

1 limón

hinojo

fécula de maíz

mantequilla - sal - pimienta

Tiempo de preparación
1 hora

Bebida recomendada
Vino blanco de Alella

Filetes de lenguado rellenos

Ponga en una cazuela una nuez de mantequilla, cuatro cucharadas de hinojo bien triturado y una picada de finas hierbas hervidas. Deje cocer unos minutos y añada los piñones picados, la miga del pan bien desmenuzada, la cáscara del limón rallada y el zumo de su pulpa. Cueza 5 minutos más. Disponga los filetes sobre una mesa de trabajo con el lado pelado hacia arriba, reparta el relleno sobre ellos y enróllelos. Colóquelos en una bandeja para horno y riéguelos con el vino y el caldo. Cubra el recipiente e introdúzcalo en el horno calentado durante 25 minutos. Reserve en caliente. Filtre el caldo de cocción en una cazuela y, cuando hierva, añada dos cucharaditas de fécula para espesar. Retire del fuego, agregue cuatro cucharadas de nata y una de hinojo picado. Salpimente. Sirva los filetes con la salsa por encima y decorados con hinojo y piñones.

INGREDIENTES PARA 4 PERSONAS

4 filetes de trucha

300 g de champiñones

100 g de nata

1 diente de ajo

perejil

vino blanco - harina

mantequilla - sal - pimienta

 TIEMPO DE PREPARACIÓN
30 MINUTOS

 BEBIDA RECOMENDADA
VINO ROSADO DE NAVARRA

FILETES DE TRUCHA CON CHAMPIÑONES

Pase por harina los filetes de trucha y fríalos en una sartén con una nuez de mantequilla. Salpimente, dispóngalos en un plato de servicio y reserve en caliente. En un poco de mantequilla aparte, sofría los champiñones ya limpios y cortados, salpimente, rocíelos con un poco de vino blanco y deje que se cuezan. Añada una picada de ajo y perejil y agregue la nata. Deje cocer durante un par de minutos, vierta esta salsa encima del pescado y sirva inmediatamente.

Fritura mixta

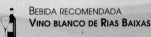 INGREDIENTES PARA 4 PERSONAS: *12 colas de langostinos - 2 calamares - 200 g de pescaditos - 125 g de harina - 4 ramitas de salvia - 4 ramitas de tomillo - 2 huevos - 2 calabacines - 1 cebolla - aceite virgen extra de oliva - cerveza - sal - aceite para freír*

TIEMPO DE PREPARACIÓN
30 MINUTOS + 2 HORAS DE REPOSO

BEBIDA RECOMENDADA
VINO BLANCO DE RÍAS BAIXAS

Prepare una pasta en un cuenco vertiendo la harina, una cucharada de aceite y un pellizco de sal. Mezcle todo bien y vaya añadiendo lentamente un tercio de vaso de cerveza y medio vaso de agua tibia. La pasta tiene que ser fluida y se tiene que dejar reposar cubierta en un lugar cálido durante un par de horas. Pele los langostinos, limpie y corte los calamares en dos y limpie los pescaditos. Lave y corte los calabacines a palitos, y la cebolla a rodajas; prepare también las hierbas. Lave y seque bien todos los ingredientes. Bata las claras de los huevos a punto de nieve e incorpórelas suavemente a la pasta. Vaya pasando todos los ingredientes por la pasta y fríalos en abundante aceite caliente. Comience por las hierbas, siga con las verduras y las colas de langostinos y finalice con los calamares y los pescaditos. A medida que vayan friéndose todos los ingredientes, retírelos del fuego y dispóngalos en un plato con papel de cocina. Sirva caliente.

Ingredientes para 4 personas

16 langostinos

1 cebolla pequeña

1 rama de apio - 1 zanahoria

vino blanco - whisky

aceite virgen extra de oliva

pimienta

 Tiempo de preparación
1 hora y 15 minutos

Bebida recomendada
Vino blanco de Alicante

Langostinos al whisky

Pele los langostinos, lávelos y séquelos.

Colóquelos en un recipiente con un poco de whisky, espolvoree con pimienta y déjelos en este adobo durante al menos 30 minutos.

Mientras tanto, prepare una picada de cebolla, zanahoria y apio. Sofríala en el aceite, añada un poco de agua caliente e incorpore los langostinos.

Riegue con medio vaso de whisky y un vaso de vino y continúe con la cocción a fuego suave durante unos 20 minutos.

¿Se puede calentar el pescado?

Uno de los «defectos» de los platos cocinados con pescado consiste en que en la mayoría de los casos no se pueden calentar. De hecho, cuando se calientan platos caldosos, la consistencia de la salsa se vuelve espesa y grumosa, y en los platos secos, el pescado se seca demasiado y su textura se vuelve estropajosa. Esta aparente desventaja se puede subsanar —sobre todo en los platos guisados o al horno— preparando previamente el fondo y todos los ingredientes necesarios para su cocción, y terminando la misma cuando ya se esté sentado a la mesa.

 Ingredientes para 4 personas

12 langostinos

150 g de mayonesa

6 cucharaditas de tomate tamizado

2 cucharaditas de perifollo fresco triturado

2 cucharaditas de perejil fresco picado

2 cucharaditas de vinagre blanco

2 limones - 1 cebolla

media cucharadita de crema de anchoas

media cucharadita de tabasco

aceite virgen extra de oliva

pimienta

 Tiempo de preparación
25 minutos

 Bebida recomendada
Vino blanco de Aguja del Penedés

Langostinos a la parrilla con salsa cóctel

Para hacer la salsa, mezcle en un cuenco una cucharadita de cebolla picada, la pimienta, la crema de anchoas, el tabasco, el tomate tamizado, el vinagre y dos cucharaditas de aceite.

Añada la mayonesa y las hierbas finas, y ponga la salsa en la nevera.

Mientras tanto, vierta el zumo de dos limones en un cuenco, y medio vaso generoso de aceite en otro.

Sumerja los langostinos en el zumo de limón, escúrralos y saltéelos en aceite. Coloque los langostinos en la bandeja del horno y gratínelos durante 15 minutos, pintándolos continuamente con el aceite restante.

Coloque los langostinos en un plato de servicio y acompañe con la salsa preparada.

INGREDIENTES PARA 4 PERSONAS

1 kg de langostinos

2 dl de caldo vegetal

3 cebolletas - 2 escaloñas

brandy - azúcar

aceite virgen extra de oliva

sal

 TIEMPO DE PREPARACIÓN
30 MINUTOS

BEBIDA RECOMENDADA
FINO SECO DE JEREZ

LANGOSTINOS AL BRANDY

Limpie y lave los langostinos.

En un cuenco mezcle las cebolletas cortadas en láminas muy finas, cinco cucharadas de brandy, una de azúcar y el caldo vegetal.

En una sartén rehogue las escaloñas trituradas con un poco de aceite, incorpore los langostinos hasta que se doren, sazone con sal, añada la salsa de brandy y deje cocer unos minutos más.

Sirva caliente.

Cortar el pescado en filetes

Para cortar en filetes pescados planos como el lenguado, quite la piel y las vísceras, corte con la punta de un cuchillo a lo largo de la raspa central, levante un lado del filete con la hoja misma del cuchillo y separe suavemente la carne del pescado de la raspa. Para las sardinas, corte el vientre hasta la raspa, ábralo como un libro y separe la carne sin romper la piel del dorso.

 INGREDIENTES PARA 4 PERSONAS

5 filetes de lenguado

1 dl de leche

1 panecillo - 1 limón

perejil - salvia

romero - vino blanco

aceite virgen extra de oliva

sal

 TIEMPO DE PREPARACIÓN
40 MINUTOS

 BEBIDA RECOMENDADA
VINO BLANCO DE ALMANSA

ROLLITOS DE LENGUADO

Triture una rama de cada hierba y póngalas en un cuenco junto al zumo de limón y un pellizco de sal. Ablande la miga del pan con la leche, estrújela y agréguela a las hierbas junto con un filete de lenguado triturado.

Vierta el relleno encima de los filetes, enróllelos sobre sí mismos y colóquelos en una bandeja para horno untada en aceite. Riéguelos con el vino y cueza en el horno a 180° durante 25 minutos, mojándolos de vez en cuando con el líquido de cocción.

Sirva caliente.

Ingredientes para 4 personas

1 lucio de 1 kg
3 anchoas saladas
1 zanahoria - 1 rama de apio
1 cebolla - 1 diente de ajo
1 cucharada de alcaparras
1 pimiento
laurel - perejil
aceite virgen extra de oliva
sal

Tiempo de preparación
1 hora y 20 minutos

Bebida recomendada
Vino blanco de Valencia

Lucio con salsa de pimientos

Hierva el lucio ya limpio en agua salada con la zanahoria, la cebolla y una hoja de laurel.

Mientras tanto, limpie el pimiento y tritúrelo junto a las alcaparras y el ajo. Cueza las anchoas desaladas en dos cucharadas de aceite a fuego lento y añada la picada de pimiento.

Remueva los ingredientes hasta obtener una salsa más bien espesa y, a final de cocción, agregue una cucharada de perejil picado.

Retire el lucio de su caldo de cocción, retire la carne librándola de espinas.

Sirva frío cubierto con la salsa de pimiento.

El ajo

Uno de los ingredientes más utilizados en los platos cocinados con pescado es el ajo: en pequeñas cantidades, resalta las características de este alimento. Aunque la industria alimentaria ofrece productos de ajo deshidratado, es conveniente utilizar ajo fresco. No obstante, si no es un gran consumidor de este bulbo, puede suceder que con el paso del tiempo el ajo germine; para evitarlo, divida los dientes e introdúzcalos en un recipiente cubiertos por sal gruesa.

 Ingredientes para 4 personas

1 lucio de 1 kg
8 anchoas saladas
2 dientes de ajo
1 botella de vino blanco seco
aceite virgen extra de oliva
sal

Tiempo de preparación
1 hora y 15 minutos

Bebida recomendada
Vino blanco de Terra Alta

Lucio al vino

Limpie el lucio y cocínelo al vapor, durante casi una hora, cubierto por completo con el vino, un pellizco de sal y, si es necesario, con un poco de agua.

Mientras tanto, desale y quite las espinas a las anchoas, córtelas a pedacitos y rehogue a fuego lento con el ajo picado en abundante aceite caliente, removiendo continuamente hasta obtener una salsa.

Sirva el lucio muy caliente, cubierto con la salsa y acompañado de patatas hervidas.

Ingredientes para 4 personas

1 lucio de 1 kg
4 escaloñas
1 cebolla - 1 zanahoria
1 rama de apio
alcaparras en sal
perejil
aceite virgen extra de oliva
sal - pimienta

Tiempo de preparación
1 hora

Bebida recomendada
Vino blanco del Somontano

Lucio en salsa verde

Limpie y elimine las vísceras del pescado. Hiérvalo en abundante agua salada junto al apio, la zanahoria y la cebolla.

Escúrralo, pélelo y dispóngalo en un plato de servicio. Reserve en caliente.

En una sartén, rehogue las escaloñas picadas muy finas. Añada las anchoas y una cucharadita de alcaparras desaladas, y deje cocer unos minutos más hasta que las anchoas se deshagan.

Agregue el perejil picado, remueva bien y apague el fuego.

Vierta la salsa sobre el pescado y sirva caliente.

El pescado fresco

Para saber si el pescado es fresco, debe prestar atención, sobre todo, al aspecto del ojo: debe ser vivo, brillante y no hundido. Las escamas tienen que estar muy pegadas al cuerpo (tienden a levantarse si el pescado no es fresco); descarte el pescado que ya esté limpio de escamas. El color debe ser brillante, casi metálico. Desconfíe del pescado que está sometido a continuos riegos de agua para ocultar la sequedad de la piel, porque podría no ser fresco. Las branquias tienen que ser rojas y húmedas y las láminas enteras.

Ingredientes para 4 personas

1 lucio de 1 kg
3 puerros
2 zanahorias
2 ramas de apio
salvia
vino blanco
mantequilla - harina
sal
pimienta

Tiempo de preparación
1 hora y 20 minutos

Bebida recomendada
Vino blanco de La Mancha

Lucio guisado

Limpie el lucio, lávelo, séquelo y páselo por harina. Lave las verduras y tritúrelas junto a algunas hojas de salvia.

Sofría el compuesto de verduras en una sartén grande con una nuez de mantequilla.

Añada el lucio, dórelo bien, salpimente y riéguelo con un vaso generoso de vino blanco.

Deje cocer a fuego lento durante casi una hora, vertiendo más vino si es necesario.

Sirva bien caliente, acompañando con el fondo de cocción.

INGREDIENTES PARA 4 PERSONAS

800 g de filetes de merluza

800 g de tomates

200 g de champiñones

1 diente de ajo

tomate tamizado

vino blanco - laurel - tomillo

aceite virgen extra de oliva

sal - pimienta

TIEMPO DE PREPARACIÓN
45 MINUTOS

BEBIDA RECOMENDADA
VINO BLANCO DE TARRAGONA

MERLUZA CON CHAMPIÑONES Y TOMATE

Escalde los tomates, pélelos, quíteles las semillas y córtelos a dados. Lave rápidamente los champiñones y córtelos a láminas. Rehogue la merluza con una picada de ajo en una cazuela con aceite no demasiado caliente. Vierta un vaso de vino blanco. Añada los champiñones, una hoja de laurel y los tomates pelados. Agregue una cucharada de tomate tamizado, espolvoree con tomillo y salpimente. Deje cocer tapado y a fuego lento unos 20 minutos, moviendo el pescado de vez en cuando. Sirva caliente.

 INGREDIENTES PARA 4 PERSONAS

800 g de filetes de merluza

1 limón

1 escaloña

albahaca

vino blanco

aceite virgen extra de oliva

sal

TIEMPO DE PREPARACIÓN
20 MINUTOS + 1 HORA DE ADOBO

BEBIDA RECOMENDADA
VINO BLANCO DEL CONDADO DE HUELVA

MERLUZA A LA ALBAHACA

Ponga los filetes de merluza en adobo con un vaso de vino, el zumo de un limón y una generosa porción de albahaca triturada, durante una hora aproximadamente.

Retírelos del adobo y colóquelos en una sartén dorándolos brevemente con la escaloña picada y el aceite, y girándolos una sola vez.

Riegue con un vaso de vino, sazone con un poco de sal y deje cocer a fuego medio durante unos 10 minutos.

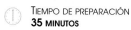 INGREDIENTES PARA 4 PERSONAS

800 g de filetes de merluza

250 g de nata

2 cebollas

alcaparras en sal

vino blanco

pimentón

laurel

perejil

aceite virgen extra de oliva

mantequilla

sal

TIEMPO DE PREPARACIÓN
35 MINUTOS

 BEBIDA RECOMENDADA
VINO ROSADO DEL CAMPO DE BORJA

MERLUZA CON CREMA PICANTE

Disponga los filetes en una bandeja para horno ligeramente untada en aceite, añada una hoja de laurel, una picada de perejil y un pellizco de sal.

Cubra con tres vasos de vino, un poco de agua y deje cocer en el horno a 180° durante 20 minutos.

Pique las cebollas y sofríalas en la mantequilla, agregue un vaso del líquido de cocción del pescado y déjelo evaporar.

Pase las cebollas por el tamiz y vuélvalas a poner en el fuego añadiendo más líquido de cocción del pescado filtrado, una cucharada de alcaparras desaladas, la nata y un pellizco de sal. Deje cocer sin que llegue a hervir durante algunos minutos más.

Disponga los filetes en un plato de servicio y vierta la crema picante por encima.

Sirva enseguida.

INGREDIENTES PARA 4 PERSONAS

12 mejillones

4 vieiras

4 trozos de salmón

1 bogavante

300 g de mayonesa

200 g de espinacas

1 limón

vino blanco

mantequilla

berros

perejil

perifollo fresco

eneldo fresco

sal

pimienta

TIEMPO DE PREPARACIÓN
1 HORA

BEBIDA RECOMENDADA
VINO BLANCO DE RIAS BAIXAS

PESCADO MIXTO CON SALSA DE ESPINACAS

Cocine el salmón al vapor y reserve en caliente. Hierva el bogavante, extraiga la carne y córtela a rodajas, dejando las patas y las pinzas enteras. Hierva y escurra las espinacas. Limpie los mejillones y púrguelos en agua salada. En una sartén vierta dos cucharadas de vino, las vieiras y los mejillones bien limpios, y deje que se abran a fuego vivo. Prepare una salsa con dos cucharadas de agua, las espinacas hervidas y trituradas, una nuez de mantequilla, un manojo de berros troceados groseramente, tres cucharadas de perejil, tres de perifollo y dos de eneldo picados muy finos, y deje cocer durante 3 minutos. Pase todo por la batidora y viértalo en un cuenco, añada dos cucharadas de zumo de limón y salpimente. Cuando este compuesto esté frío, agregue la mayonesa y sirva el pescado acompañado de la salsa.

Merluza al curry

 INGREDIENTES PARA 4 PERSONAS: *4 filetes de merluza - 200 g de mayonesa - 10 nueces - 2 limones - 2 escaloñas - 1 manojo de menta fresca - 1 pimiento verde - 1 cebolla - curry - aceite virgen extra de oliva - sal - pimienta*

TIEMPO DE PREPARACIÓN
20 MINUTOS

BEBIDA RECOMENDADA
CERVEZA NEGRA

Dore la merluza en una sartén con un chorrito de aceite, sal, pimienta, una cucharadita de curry y el zumo de limón, durante 10 minutos.

Mientras tanto, prepare la salsa: pase las hojas de menta, los tomates enteros, el pimiento, la cebolla, las escaloñas peladas y las nueces trituradas por la picadora.

Vierta este compuesto en un cuenco y agregue la mayonesa.

Disponga el pescado en un plato de servicio, riéguelo con el fondo de cocción y sírvalo acompañado de la salsa.

INGREDIENTES PARA 4 PERSONAS

800 g de filetes de merluza

300 g de calabacines

2 dientes de ajo

harina - orégano

aceite virgen extra de oliva

sal - pimienta

 TIEMPO DE PREPARACIÓN
20 MINUTOS

BEBIDA RECOMENDADA
VINO BLANCO DE BULLAS

MERLUZA CON CALABACINES

Corte los calabacines y el ajo a rodajas, y saltéelos en una sartén.

Corte el pescado a pedazos, páselos por harina y dórelos con un poco de aceite. Añada los calabacines, espolvoree con orégano, salpimente y deje cocer durante algunos minutos.

Sirva enseguida.

 INGREDIENTES PARA 4 PERSONAS

800 g de filetes de merluza

4 tomates - 2 zanahorias

1 cebolla pequeña

1 diente de ajo

harina - vino blanco

perejil - mantequilla

sal - pimienta

 TIEMPO DE PREPARACIÓN
30 MINUTOS

BEBIDA RECOMENDADA
VINO BLANCO DE CALATAYUD

MERLUZA DELICADA

Prepare una picada de zanahorias, cebolla, perejil y ajo. Escalde los tomates, pélelos y trocéelos. Lave y seque los filetes, páselos por harina y dórelos en la mantequilla. Salpimente y reserve en caliente. En la misma sartén sofría brevemente la picada, añada los tomates y deje cocer durante unos 10 minutos a fuego medio.

Vuelva a poner la merluza en la sartén, riegue con medio vaso de vino y continúe la cocción durante 10 minutos más.

Espolvoree con perejil antes de servir.

 INGREDIENTES PARA 4 PERSONAS

800 g de filetes de merluza

300 g de mayonesa

2 cucharadas de tomate tamizado

5 tomates de pera

1 pimiento rojo

harina - perejil

sal - pimienta

aceite para freír

 TIEMPO DE PREPARACIÓN
20 MINUTOS

BEBIDA RECOMENDADA
VINO BLANCO DE COSTERS DEL SEGRE

MERLUZA FRITA CON SALSA ROSA

Lave el pimiento, elimine la parte blanca y córtelo a trocitos. En un cuenco mezcle la mayonesa con el tomate tamizado diluido en una cucharada de agua tibia. Añada una cucharada de perejil picado y el pimiento. Lave los tomates y córtelos a lo largo. Pase la merluza por harina y fríala en una sartén con el aceite. Salpimente.

En un plato de servicio disponga de manera alternada merluza y tomates, sobre los que habrá vertido una cucharada de la salsa preparada.

Sirva acompañado de la salsa restante.

⚖ Ingredientes para 4 personas

800 g de filetes de merluza

200 g de nata

1 huevo

1 sobre de azafrán

vino blanco

perejil

mantequilla

sal - pimienta

🕐 Tiempo de preparación
30 minutos

🍾 Bebida recomendada
Vino blanco de El Hierro

Merluza en salsa amarilla

Coloque el pescado en una bandeja para horno untada con mantequilla. Salpimente, riegue con un vaso de vino blanco y deje cocer cubierto en el horno a 180° durante 15 minutos.

Disponga el pescado en un plato de servicio y reserve en caliente. Vierta el líquido de cocción en una cazuela, agregue una nuez de mantequilla y la nata, en la que previamente habrá disuelto el azafrán. Deje cocer durante unos minutos procurando que todo quede bien mezclado. Vierta la salsa encima del pescado y decore con un huevo duro desmenuzado y perejil picado.

El tiempo de cocción

Hace falta mucha práctica para saber cuándo el pescado ya está en su punto. Para los platos en salsa o guisados, el tiempo orientativo es de unos 15 minutos para un pescado de 1 kg; este tiempo puede aumentar en 1-2 minutos en el caso de que se cocine al horno (recuerde que el horno no tiene que estar a una temperatura demasiado elevada). Los pescados planos tardan menos tiempo en cocinarse que los más gruesos. Cuando se cocina un pescado entero podemos saber cuándo está cocido por su ojo, cuyo aspecto recuerda el de una pelota blanca; en el caso de que no sea entero, su carne, aun siendo compacta, puede separarse y despegarse fácilmente de las espinas. Finalmente, tenga en cuenta que cuando se cocinan pescados muy grandes en el horno, tienen que estar cubiertos durante su cocción para que los estratos superficiales no se sequen excesivamente.

⚖ Ingredientes para 4 personas

4 doradas

2 cebolletas grandes

1 sobre de azafrán

harina

aceite virgen extra de oliva

sal

pimienta blanca

🕐 Tiempo de preparación
40 minutos

🍾 Bebida recomendada
Vino blanco de la Costa Brava

Dorada al azafrán

Limpie las doradas, lávelas, séquelas bien y páselas ligeramente por harina. Corte las cebolletas en rodajas muy finas y rehogue en una sartén con aceite a fuego muy suave. Añada las doradas y déjelas cocer a fuego moderado por ambos lados girándolas cuidadosamente. Salpimente, retire de la sartén y reserve en caliente. Diluya el azafrán en un cucharón con agua tibia y viértalo en la sartén mezclándolo con el fondo de cocción y removiendo hasta que se reduzca un poco. Disponga las doradas en un plato de servicio y vierta la salsa de azafrán por encima.

Dorada con verduras

 Ingredientes para 4 personas

4 doradas

100 g de pulpa de tomate

2 calabacines

1 zanahoria - 1 puerro

1 rama de apio

tomillo - vino blanco

aceite virgen extra de oliva

sal - guindilla

 Tiempo de preparación
1 hora

Bebida recomendada
Vino blanco de Monterrei

Pele y lave las verduras, córtelas a dados y cuézalas al vapor dejándolas al dente.

Dispóngalas en una bandeja para horno de manera que formen un lecho en el que depositar las doradas limpias, lavadas y secas.

En una sartén, caliente cinco cucharadas de aceite con una guindilla, un pellizco de tomillo, sal y la pulpa del tomate.

Lleve a ebullición, añada medio vaso de vino y deje cocer durante 5 minutos.

Vierta esta salsa sobre las doradas y meta la bandeja en el horno a 180º durante 20 minutos.

Besugo al hinojo

 Ingredientes para 4 personas

1 besugo de 1 kg

1 limón

semillas de hinojo

brotes de hinojo

albahaca

vino blanco

aceite virgen extra de oliva

sal

pimienta

Tiempo de preparación
50 minutos

Bebida recomendada
Cava del Penedés

Limpie y lave el besugo, rellénelo con un poco de albahaca troceada, los brotes y las semillas de hinojo y un pellizco de sal.

Disponga el pescado en una bandeja para horno del tamaño adecuado y rocíelo con medio vaso de vino blanco, el zumo de limón, un chorrito de aceite y espolvoree con pimienta molida. Deje cocer en el horno a 180º durante 35 minutos.

Ingredientes para 4 personas

1 besugo de 1 kg

500 g de patatas

1 diente de ajo - romero

vino blanco - pan rallado

aceite virgen extra de oliva

sal - pimienta

 Tiempo de preparación
45 minutos

 Bebida recomendada
Vino blanco de Pla de Bages

Besugo con patatas al romero

Saltee las patatas cortadas en rodajas con un poco de aceite y romero. Deje cocer durante 20 minutos.

Mientras tanto, limpie y lave el pescado. Dispóngalo en una bandeja de horno con un chorrito de aceite, sal, pimienta, romero y espolvoree con pan rallado.

Escurra las patatas del fondo de cocción e incorpórelas al pescado. Riegue con vino blanco y cueza en el horno a 180° durante 20 minutos.

Sirva caliente.

 Ingredientes para 4 personas

4 trozos de mero

200 g de pulpa de tomate

150 g de olivas negras deshuesadas

50 g de piñones – 1 escaloña

vino blanco – perejil

aceite virgen extra de oliva

sal

 Tiempo de preparación
40 minutos

 Bebida recomendada
Vino blanco de Tarragona

Mero con salsa de olivas

Sofría la escaloña picada en el aceite hasta que se ablande, añada las olivas y los piñones y riegue con un vaso de vino.

Cuando se evapore el vino, agregue el tomate y deje cocer durante 10 minutos.

Añada los trozos de mero, salpimente y continúe con la cocción durante unos 20 minutos más hasta que la salsa se espese.

 Ingredientes para 4 personas

800 g de filetes de pez de San Pedro

vino blanco – marsala

uvas pasas

piñones – perejil

mantequilla

sal – pimienta arco iris

 Tiempo de preparación
40 minutos

Bebida recomendada
Vino blanco del Penedés

Pez de San Pedro al marsala

Dore el pescado con una nuez de mantequilla, añada una cucharada de piñones y otra de uvas pasas remojadas y escurridas. Riegue con medio vaso de vino y otro medio de marsala y deje evaporar.

Agregue una cucharada de pimienta arco iris y deje cocer unos 10 minutos más.

Antes de apagar el fuego, espolvoree el pescado con un poco de perejil picado.

Pez espada con tomate

 INGREDIENTES PARA 4 PERSONAS: *4 trozos de pez espada – 4 tomates – 50 g de olivas negras deshuesadas – 1 diente de ajo – alcaparras en sal – aceite virgen extra de oliva – sal*

TIEMPO DE PREPARACIÓN
20 MINUTOS

BEBIDA RECOMENDADA
VINO BLANCO DE RIAS BAIXAS

Escalde los tomates, quíteles la piel y las semillas. Trocéelos.

Pele el ajo y píquelo; corte las olivas.

Coja una cucharada de alcaparras y elimíneles la sal enjuagándolas bajo el agua. Séquelas y troceélas. Póngalas en una cazuela grande con tres cucharadas de aceite y el ajo, y sofría unos minutos. Añada la pulpa de tomate y deje cocer otros 5 minutos más.

Coloque los trozos de pescado en la cazuela de forma que no queden superpuestos. Agregue las olivas, tape la cazuela y deje cocer durante 5 minutos dando la vuelta al pescado una sola vez. Sazone con un poco de sal y deje reposar durante 2 minutos antes de servir.

INGREDIENTES PARA 4 PERSONAS

4 trozos de pez espada

2 naranjas

1 limón

1 sobre de azafrán

vino blanco

perejil

aceite virgen extra de oliva

sal

 TIEMPO DE PREPARACIÓN
25 MINUTOS

 BEBIDA RECOMENDADA
VINO BLANCO DEL SOMONTANO

PEZ ESPADA A LA NARANJA CON AZAFRÁN

En una sartén amplia vierta el zumo de las naranjas y del limón, una picada de perejil, cuatro cucharadas de aceite, medio vaso de vino blanco y sal.

Coloque los trozos de pez espada y cueza a fuego moderado durante 5 minutos, girando el pescado una sola vez. Añada el azafrán.

Disponga el pescado en un plato de servicio y reserve en caliente.

Suba el fuego y deje que el fondo de cocción se reduzca un poco.

Vierta la salsa resultante sobre el pescado y sirva.

Pez espada con mejillones

 Ingredientes para 4 personas

600 g de pez espada troceado

500 g de mejillones

200 g de pulpa de tomate

2 escaloñas

2 calabacines pequeños

aceite virgen extra de oliva

 Tiempo de preparación
40 minutos + 1 hora de purga

 Bebida recomendada
Vino blanco de Ribeira Sacra

Rasque los mejillones eliminando los filamentos del biso, y sumérjalos en agua con sal durante 1 hora. Póngalos al fuego vivo con un chorrito de vino blanco para que se abran las conchas. Extraiga los moluscos y reserve con algunas cucharadas del líquido de cocción filtrado. Sofría las escaloñas, añada el pez espada sin piel y deje que se cocine 5 minutos por cada lado. Retire el pescado y resérvelo en caliente. En la misma cazuela vierta los calabacines cortados a palitos y deje que se ablanden, añada la pulpa de tomate y deje cocer 5 minutos. Agregue los mejillones junto a su líquido de cocción, tape la cazuela y cueza durante 10 minutos; añada el pez espada y deje cocer otros 3 minutos.

Pez espada con berenjena y pimiento

⚖ INGREDIENTES PARA 4 PERSONAS: *800 g de pez espada cortado a filetes - 300 g de tomate - 1 berenjena - 1 pimiento - 1 diente de ajo - orégano - aceite virgen extra de oliva - sal*

🕐 TIEMPO DE PREPARACIÓN
35 MINUTOS

🍷 BEBIDA RECOMENDADA
VINO ROSADO DE CARIÑENA

Escalde los tomates, pélelos y córtelos a pedazos quitando las semillas. Pele la berenjena y elimine el rabillo, las semillas y la parte interior blanca del pimiento. Lávelos, séquelos y corte la berenjena a daditos y el pimiento a tiras. Pele el ajo, píquelo y sofríalo en una sartén con aceite junto a la berenjena y el pimiento durante 5 minutos, para que tomen un poco de sabor. Disponga el pez espada en una bandeja para horno untada con un poco de aceite y vierta las verduras sofritas junto al tomate. Sazone con un poco de sal y deje cocer en el horno a 180º durante 15 minutos. Sazone con orégano y deje reposar unos minutos antes de servir.

PEZ ESPADA A LA CAZUELA

INGREDIENTES PARA 4 PERSONAS: *4 trozos de pez espada - 100 g de guisantes - 20 olivas verdes - 6 tomates - 3 patatas - 1 zanahoria - 1 rama de apio - 1 guindilla - 1 cucharada de alcaparras - vino blanco - perejil - orégano - aceite virgen extra de oliva - sal - pimienta*

TIEMPO DE PREPARACIÓN
40 MINUTOS

BEBIDA RECOMENDADA
VINO ROSADO DE NAVARRA

Dore el pez espada en una sartén con cuatro cucharadas de aceite. Retírelo y reserve en caliente. En la misma sartén ponga la zanahoria y el apio cortados a rodajas, riegue con vino blanco y deje cocer durante 10 minutos.

Añada los tomates troceados, las olivas, las alcaparras, los guisantes, la guindilla y las patatas cortadas a dados, alargue el guiso con un poco de agua y deje cocer durante unos 15 minutos; vuelva a meter el pescado y cueza otros 5 minutos más. Salpimente. Espolvoree con una picada de perejil y con orégano. Eche un chorrito de aceite por encima y sirva en un plato de servicio.

Pez espada con piña

 INGREDIENTES PARA 4 PERSONAS
600 g de pez espada
300 g de nata
125 g de almendras
6 cebolletas grandes
2 piñas pequeñas
1 guindilla - curry
comino deshidratado
zumo de lima
aceite virgen extra de oliva
sal - pimienta

 TIEMPO DE PREPARACIÓN
1 HORA

BEBIDA RECOMENDADA
VINO BLANCO DE RIBERA DEL GUADIANA

Corte las piñas por la mitad y a lo largo. Vacíelas y corte la pulpa a pedacitos. Conserve las cáscaras vacías de las piñas.

Corte las cebolletas a rodajas y sofríalas en una sartén con un poco de aceite. Añada la guindilla a trocitos, dos cucharadas de curry y una cucharadita de comino deshidratado. Deje que tome sabor durante 2 minutos. Agregue el pescado cortado a trozos, riegue con dos cucharadas de zumo de lima y continúe con la cocción durante 5 minutos más. Incorpore la nata y lleve a ebullición; cuando rompa a hervir baje el fuego y deje cocer otros 5 minutos. Finalmente, añada los trozos de piña y la mitad de las almendras. Salpimente. Mezcle bien todo, rellene las cáscaras de piña y espolvoree las almendras restantes.

PLATIJA AL POMELO

INGREDIENTES PARA 4 PERSONAS

800 g de platija en filetes

125 g de yogur

1 pomelo

harina

perejil

aceite virgen extra de oliva

sal

pimienta

TIEMPO DE PREPARACIÓN
30 MINUTOS

BEBIDA RECOMENDADA
VINO BLANCO DE TARRAGONA

Corte el pomelo por la mitad y exprima el zumo de una sola de las mitades. Pele la otra mitad y corte la pulpa a pedacitos. Lave y seque los filetes de platija y páselos por harina. Dórelos en una sartén grande con una nuez de mantequilla. Mientras tanto, derrita un trozo de mantequilla en un cazo, añada el zumo de la mitad del pomelo y el yogur. Salpimente levemente.

Vierta la salsa en un plato de servicio, disponga los filetes y espolvoree con los trocitos de pomelo y una picada de perejil.

Sirva inmediatamente.

ALBÓNDIGAS DE ARENQUE

INGREDIENTES PARA 4 PERSONAS

400 g de arenques

250 g de patatas

2 huevos

1 cebolla

pan rallado

mantequilla

sal - pimienta

aceite para freír

TIEMPO DE PREPARACIÓN
45 MINUTOS

BEBIDA RECOMENDADA
VINO TINTO JOVEN DE ALELLA

Hierva las patatas, pélelas y páselas por el pasapurés. Añada una nuez de mantequilla, media cebolla picada y mezcle bien.

Mientras tanto, limpie y lave los arenques, córtelos a filetes y tritúrelos.

En un cuenco introduzca el puré de patatas, los huevos, la cebolla, la carne de los arenques, sal y pimienta. Forme pequeñas albóndigas, páselas por el pan rallado y fríalas en abundante aceite caliente.

Retírelas del fuego y dispóngalas sobre papel de cocina para que desprendan el aceite sobrante. Sírvalas calientes.

Ingredientes para 4 personas

1 lucio de 1 kg
4 anchoas en aceite
2 huevos
1 zanahoria - 1 rama de apio
1 cebolla - 1 diente de ajo
alcaparras en sal
pan rallado
vino blanco - perejil
aceite virgen extra de oliva
sal - pimienta - aceite para freír

 Tiempo de preparación
50 minutos

Bebida recomendada
Vino blanco de Rioja

 Ingredientes para 4 personas

300 g de filetes de lucio
300 g de salmón fresco
200 g de nata
50 g de harina
1 l de caldo de pescado
1 huevo
1 limón
1 pepino
eneldo
nuez moscada
maicena
sal
pimienta

Tiempo de preparación
50 minutos

Bebida recomendada
Vino blanco de Tarragona

Albóndigas de lucio

Limpie el lucio eliminando las vísceras y hiérvalo con las verduras y un vaso de vino. Escúrralo, quítele las espinas y triture la carne.

En un cuenco mezcle los huevos batidos, las anchoas desmenuzadas, el lucio, una picada de ajo y perejil, las alcaparras trituradas, una cucharada de pan rallado, sal y pimienta.

Forme las albóndigas, páselas por harina y fríalas en abundante aceite caliente.

Escúrralas en papel de cocina y sirva bien caliente.

Albóndigas de lucio y salmón

Prepare una crema ácida con cuatro cucharadas de nata y un poco de zumo de limón, y deje reposar durante 10 minutos. Pase por la picadora la carne del pescado, la harina, la crema ácida, un poco de nuez moscada molida, un pellizco de eneldo, sal y pimienta, hasta que obtenga una mezcla homogénea. Lleve el caldo a ebullición, baje el fuego y deje que hierva ligeramente. Con la masa de pescado, prepare ocho albóndigas ovaladas e incorpórelas al caldo. Deje cocer 10 minutos y sáquelas de la cazuela con una espumadera. Filtre el caldo y vuelva a poner en el fuego 2 dl del mismo. Espere a que se reduzca un poco, añada medio pepino y deje cocer durante 5 minutos. Retire del fuego, añada una yema de huevo batida, la nata restante y media cucharada de maicena, y bátalo todo. Vuelva a poner en el fuego y deje que espese. Vierta esta crema en los platos, deje enfriar y disponga las albóndigas encima. Decore con rodajitas de pepino y limón. Sirva frío.

 Otra versión

Si prefiere un sabor más fuerte, puede aumentar la cantidad de lucio y usar salmón ahumado en lugar de fresco.

INGREDIENTES PARA 4 PERSONAS

300 g de filetes de merluza

150 g de pan de molde

2 huevos

2 calabacines - 1 zanahoria

1 diente de ajo

leche

perejil

sal - pimienta

aceite para freír

TIEMPO DE PREPARACIÓN
1 HORA

BEBIDA RECOMENDADA
VINO BLANCO DEL SOMONTANO

ALBÓNDIGAS DE MERLUZA A LA JARDINERA

Cueza la zanahoria y los calabacines al vapor de manera que queden más bien enteros y córtelos a dados. Ponga el pan de molde en un vaso de leche para que se ablande.

Triture la carne de la merluza y viértala en un cuenco.

Añada el pan estrujado, los huevos y una picada de ajo y perejil (una cucharada). Mezcle bien todos los ingredientes hasta obtener un compuesto homogéneo. Salpimente, agregue las hortalizas cortadas a dados y, con la ayuda de una cuchara, forme unas albóndigas de tamaño más bien pequeño.

Fríalas en abundante aceite caliente y sirva enseguida aliñándolas con un chorrito de limón.

INGREDIENTES PARA 4 PERSONAS

1 kg de patatas

400 g de atún en aceite

200 g de judías verdes

4 huevos

perejil

sal

pimienta

TIEMPO DE PREPARACIÓN
1 HORA Y 30 MINUTOS

BEBIDA RECOMENDADA
VINO ROSADO DE RIOJA

FIAMBRE DE ATÚN Y PATATAS

Hierva las judías y las patatas por separado.

Cuando las patatas estén cocidas, pélelas y páselas por el pasapurés.

Ponga el puré en un cuenco, añada el atún desmenuzado, los huevos batidos y las judías cortadas.

Añada sal y pimienta levemente.

Mezcle bien todos los ingredientes y envuelva el compuesto obtenido en un paño de cocina dándole una forma alargada y gruesa.

Ate el paño de manera que no se salga el relleno y cueza en agua ligeramente salada durante unos 40 minutos.

Deje enfriar el fiambre en el agua de cocción, quítele el paño y dispóngalo en un plato de servicio.

Sírvalo a rodajas con un poco de perejil picado por encima y con lechuga fresca de guarnición.

INGREDIENTES PARA 4 PERSONAS

1 kg de pulpo

3 zanahorias - 1 puerro

1 rama de apio

1 limón - guindilla - perejil

vinagre - aceite virgen extra
de oliva

sal

 TIEMPO DE PREPARACIÓN
**1 HORA + 20 MINUTOS PARA EN-
FRIAR**
BEBIDA RECOMENDADA
 VINO BLANCO DE RIAS BAIXAS

PULPO CON JULIANA DE VERDURAS

Limpie y lave el pulpo, sumérjalo en una olla con agua salada haciendo que hierva durante 40 minutos. Déjelo enfriar en el agua de cocción, escúrralo y córtelo a trozos.

Prepare la salsa cortando a juliana el puerro, el apio, las zanahorias y un manojo de perejil, y añadiendo seis cucharadas de aceite, el zumo de medio limón, unas gotas de vinagre, sal y guindilla al gusto. Mezcle bien todos los ingredientes y sirva decorando con rodajas de limón.

INGREDIENTES PARA 4 PERSONAS

1 rodaballo de 1 kg

1 kg de manzanas

2 cebollas

laurel

aceite virgen extra de oliva

sal

pimienta

 TIEMPO DE PREPARACIÓN
1 HORA Y 30 MINUTOS

 BEBIDA RECOMENDADA
VINO BLANCO DEL SOMONTANO

RODABALLO CON MANZANAS

Limpie y elimine las vísceras del rodaballo. Córtelo en filetes de unos 2 cm de grosor y hiérvalos en agua.

Pele y corte a rodajas las manzanas. Cubra el fondo de una cazuela baja untada en aceite con la mitad de las manzanas y una cebolla cortada también a rodajas. Haga un segundo estrato con los filetes y el laurel, y finalice la tercera capa con el resto de las manzanas y la otra cebolla cortada, sal, pimienta y un chorrito de aceite.

Tape y deje cocer a fuego moderado durante unos 30 minutos.

El caldo de verduras y el caldo de pescado

El pescado, los crustáceos y los frutos de mar se pueden hervir sólo con agua, pero su sabor se enriquece mucho más si su líquido de cocción es un caldo de verduras, es decir, una combinación, en proporciones variables, de agua, vino o vinagre, con la incorporación de hortalizas y especias. Generalmente se utilizan zanahorias, cebollas, tomillo, laurel, perejil..., pero también son aptos otros ingredientes como los tomates, los brotes de hinojo, el apio, el ajo o el eneldo. El vino puede ser blanco o tinto (más adecuado para los pescados de sabor fuerte) y se añade a mitad de la cocción, es decir, después de unos 20 minutos. Naturalmente, el vinagre se debe añadir en pequeñas cantidades. Si a los ingredientes de este caldo se le añaden las partes de descarte del pescado, como la cabeza, la espina o la cola, se obtiene un caldo de pescado que debe filtrarse antes de utilizarlo.

Especias siempre frescas

Las especias que se utilizan para hervir el pescado se pueden conservar secas en frascos cerrados herméticamente, aunque lo ideal es disponer siempre de especias frescas. Si para cocinar suele utilizar siempre especias, las puede conservar frescas durante bastante tiempo si las sumerge brevemente en agua con vinagre, secándolas después y guardándolas en la nevera dentro de una bolsita de papel (porque las de plástico enseguida huelen a humedad y tienden a enmohecerse rápidamente).

Rodaballo con langostinos

INGREDIENTES PARA 4 PERSONAS: *1 rodaballo de 1 kg - 10 langostinos - 1 cebolla - 1 rama de apio - 1 zanahoria - un trocito de jengibre - mantequilla - harina - vino blanco - aceite virgen extra de oliva - sal - pimienta en grano*

TIEMPO DE PREPARACIÓN
1 HORA Y 15 MINUTOS

BEBIDA RECOMENDADA
VINO BLANCO DEL PENEDÉS

Elimine las vísceras del rodaballo, efectúe un pequeño corte justo encima de la cola y quite la piel. Corte la cabeza y las espinas. Pele los langostinos (excepto unos cuantos, que utilizará como guarnición), elimine el filamento oscuro del dorso y cueza al vapor durante 5 minutos. Trocée-los. Cocine los langostinos enteros en un poco de aceite y reserve. Prepare un caldo cociendo durante media hora las cáscaras de los langostinos y las piezas de descarte del rodaballo, junto a la cebolla, el apio, la zanahoria y la pimienta. Fíltrelo, redúzcalo hasta 1 dl y disuelva en el caldo una cucharada de harina pasada por el tamiz y una nuez de mantequilla, hasta obtener una crema densa y suave. Añada los langostinos troceados y salpimente. Pele el jengibre y rállelo hasta obtener una cucharada. Disponga el rodaballo en una bandeja para horno y riegue con un chorrito de aceite y otro de vino. Sazone con sal y espolvoree con el jengibre. Deje cocer en el horno a 180° durante 20 minutos.

INGREDIENTES PARA 4 PERSONAS

1 salmón de 1,2 kg

1 limón

salvia

romero

tomillo

perejil

vino blanco

aceite virgen extra de oliva

sal

mayonesa

mostaza dulce

TIEMPO DE PREPARACIÓN
1 HORA

BEBIDA RECOMENDADA
VINO BLANCO DE RUEDA

SALMÓN A LAS FINAS HIERBAS

Limpie el salmón, lávelo y séquelo.

Empape el interior del pescado con un chorrito de vino.

Prepare una picada de salvia, tomillo, romero y perejil y rellene el salmón.

Introduzca también dos rodajas de limón y un pellizco de sal.

Disponga el salmón en una bandeja para horno, échele un chorrito de aceite y deje cocer en el horno a 180º durante unos 40 minutos.

Sirva acompañado con mayonesa enriquecida con una cucharadita de mostaza.

INGREDIENTES PARA 4 PERSONAS

4 trozos de salmón

2 naranjas

harina

coñac

menta

aceite virgen extra de oliva

sal

pimienta en grano

TIEMPO DE PREPARACIÓN
15 MINUTOS

 BEBIDA RECOMENDADA
VINO BLANCO DE LA MANCHA

SALMÓN ASADO A LA NARANJA

En una cazuela prepare una salsa con un chorrito de aceite, una cucharadita de harina, el zumo de una naranja, sal, dos cucharaditas de pimienta en grano y un chorrito de coñac.

Mezcle bien todos los ingredientes y reserve en caliente.

Cocine los trozos de salmón a la parrilla sin sobrepasar los 3 o 4 minutos por cada lado. Dispóngalos en platos individuales con la salsa por encima y con un poco de menta picada.

Salmón en bellavista

 Ingredientes para 4 personas: *4 trozos de salmón - 300 g de langostinos - 100 g de guisantes - 12 puntas de espárragos - pimientos en vinagre - 1 cebolla - 1 limón - 1 hoja de gelatina - vino blanco - ketchup - salsa worcester - perejil - mantequilla - sal - pimienta*

Tiempo de preparación
50 minutos + 1 hora y 30 minutos para enfriar

Bebida recomendada
Vino rosado de Navarra

Coloque los trozos de salmón en una bandeja para horno recién untada. Salpimente y riegue con medio vaso de vino blanco; cubra con papel de aluminio y hornee a 200° durante 20 minutos. Hierva los espárragos y cueza los guisantes. Cocine los langostinos en una sartén con un poco de mantequilla durante 5 minutos, tamícelos y agregue la cebolla ablandada en la misma sartén; incorpore la mantequilla restante montada, una cucharada de ketchup y un chorrito de worcester. Añada los guisantes y el perejil picado. Pónga a remojar la gelatina en agua fría, escúrrala y disuélvala en agua caliente. Rellene los agujeros de salmón con la salsa y pinte la superficie con la gelatina. Coloque dos puntas de espárrago en cada rodaja y rodee la salsa con una tira fina de pimiento. Vuelva a cubrir con la gelatina.

INGREDIENTES PARA 4 PERSONAS

1 kg de sardinas

3 panecillos

2 dientes de ajo - 1 limón

queso de oveja fuerte rallado

harina

perejil

aceite virgen extra de oliva

sal - pimienta

aceite para freír

 TIEMPO DE PREPARACIÓN
1 HORA Y 30 MINUTOS

BEBIDA RECOMENDADA
VINO BLANCO DE ALICANTE

SÁNDWICH DE SARDINAS

Limpie las sardinas eliminando las raspas y las cabezas. Ábralas por la mitad, lávelas y séquelas.

Triture tres o cuatro sardinas junto a la miga de los panecillos, dos cucharadas de queso, un manojo de perejil, algunas cucharadas de aceite, sal y pimienta.

Rellene las sardinas con este compuesto como si fueran sándwiches: extienda el relleno sobre una sardina plana y cierre con otra sardina.

Fije las sardinas con un palillo, páselas por harina y fríalas en abundante aceite caliente.

Sirva los sándwiches muy calientes rociados con un poco de limón.

Las frituras

Dorados y crujientes, los fritos, sobre todo de pescado, son realmente irresistibles. Por otra parte, este tipo de cocción es muy adecuado para el pescado, porque, aunque se realice a una temperatura muy alta, el tiempo que tarda en cocinarse es muy breve. Además, la preparación del pescado para la fritura también es muy rápida, porque en la mayoría de los casos sólo se debe pasar por harina. Acuérdese de salar el pescado frito justo antes de servirlo, y de no apilarlo en grandes cantidades porque se reblandecería.

 INGREDIENTES PARA 4 PERSONAS

1 kg de sargos

2 dientes de ajo

1 limón

perejil

vinagre - vino blanco seco

aceite virgen extra de oliva

sal - pimienta

 TIEMPO DE PREPARACIÓN
40 MINUTOS

 BEBIDA RECOMENDADA
VINO BLANCO SECO DEL PENEDÉS

SARGOS AL HORNO

Limpie los sargos, quíteles las escamas y rocíelos con el zumo de un limón.

Corte el ajo a láminas e introdúzcalo en el vientre de los pescados junto a una cucharada de perejil picado.

Disponga los sargos en una bandeja para horno y vierta un chorrito de aceite, unas gotas de vinagre y medio vaso de vino.

Espolvoree con perejil picado y hornee a 180° durante 20 minutos, girando el pescado a mitad de cocción.

Sirva bien caliente con el fondo de cocción filtrado.

INGREDIENTES PARA 4 PERSONAS

4 sargos

2 limones

guindilla - perejil - laurel

aceite virgen extra de oliva

sal

TIEMPO DE PREPARACIÓN
30 MINUTOS + 2 HORAS DE ADOBO

BEBIDA RECOMENDADA
VINO BLANCO DE TARRAGONA

SARGOS PICANTES

Limpie los sargos y elimine las escamas, lávelos y séquelos. Déjelos en adobo durante 2 horas con medio vaso de aceite, el zumo de los limones, una cucharada de perejil picado, dos hojas de laurel, guindilla en abundancia y sal.

Transcurrido este tiempo, escúrralos del adobo, dispóngalos en una bandeja para horno, cúbralos con una hoja de papel de aluminio y deje cocer a 200° durante unos 20 minutos.

Escamar el pescado

Se trata de una operación que no muchos realizan, mientras que otros la llevan a cabo sistemáticamente sea cual sea la receta que tengan que cocinar. En realidad, escamar el pescado es paso obligado para los platos guisados y para las frituras, mientras que en el caso del pescado a la parrilla no sólo no es necesario, sino que incluso puede llegar a ser contraproducente, porque las escamas representan una protección adicional.

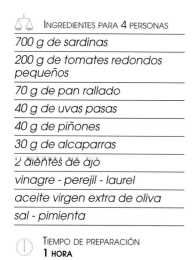

INGREDIENTES PARA 4 PERSONAS

700 g de sardinas

200 g de tomates redondos pequeños

70 g de pan rallado

40 g de uvas pasas

40 g de piñones

30 g de alcaparras

2 dientes de ajo

vinagre - perejil - laurel

aceite virgen extra de oliva

sal - pimienta

TIEMPO DE PREPARACIÓN
1 HORA

BEBIDA RECOMENDADA
VINO BLANCO DE ALICANTE

SARDINAS AGRIDULCES EN TARTERA

Limpie las sardinas, retire las espinas y elimine las cabezas. Lávelas y séquelas. Póngalas en una bandeja honda junto a algunas hojas de laurel, rocíelas con vinagre y deje reposar.

Mientras tanto, mezcle casi todo el pan rallado con los piñones, las uvas pasas remojadas en agua tibia, los tomates troceados, las alcaparras trituradas y una cucharada de perejil y ajo picados.

Unte levemente una tartera y cubra el fondo con la mitad de las sardinas con la piel hacia abajo y quitándoles el laurel. Distribuya el compuesto sobre el pescado y recubra con el resto de las sardinas, pero en esta ocasión con la piel hacia arriba.

Espolvoree con el pan rallado restante, riegue con un chorrito de aceite y hornee a 180° durante 25 minutos.

Sirva tibio.

INGREDIENTES PARA 4 PERSONAS

1 kg de sardinas

200 g de tomate tamizado

2 pimientos

2 dientes de ajo

1 cebolla

1 sobre de azafrán

perejil

aceite virgen extra de oliva

sal

pimienta

 TIEMPO DE PREPARACIÓN
1 HORA Y 20 MINUTOS

 BEBIDA RECOMENDADA
VINO BLANCO DEL SOMONTANO

SARDINAS CON PIMIENTOS

Limpie las sardinas retirando las espinas y las cabezas. Ábralas por la mitad, lávelas y séquelas.

En una bandeja para horno coloque en capas el tomate tamizado, la mitad de las sardinas con la parte abierta hacia arriba, los pimientos cortados a tiras, una picada de ajo y perejil y la cebolla triturada.

Salpimente y espolvoree con el azafrán.

Finalice con una última capa de sardinas (con la parte abierta hacia abajo) y más ajo y perejil picados. Riegue con un chorrito de aceite y deje cocer en el horno a 180° durante 30 minutos.

Sirva caliente.

 INGREDIENTES PARA 4 PERSONAS

800 g de sardinas

400 g de tomates en conserva

1 cebolla

semillas de hinojo

albahaca

vino blanco seco

aceite virgen extra de oliva

sal

pimienta

 TIEMPO DE PREPARACIÓN
50 MINUTOS

 BEBIDA RECOMENDADA
VINO BLANCO DE LA MANCHA

SARDINAS AL HINOJO

Limpie las sardinas, quíteles las espinas y elimine espinas y cabezas. Lávelas, séquelas y dispóngalas en una bandeja para horno formando una sola capa.

Distribuya unas semillas de hinojo por encima.

En una cazuela con tres cucharadas de aceite, sofría la cebolla cortada finamente hasta que se vuelva transparente. Vierta el vino y después añada los tomates. Deje cocer a fuego medio durante 10 minutos.

Apague el fuego y agregue algunas hojas de albahaca desmenuzada. Salpimente.

Vierta la salsa sobre las sardinas y hornee a 180° durante 15 minutos. Sirva caliente.

⚖ Ingredientes para 4 personas

1 kg de sardinas

400 g de pulpa de tomate

1 cebolla

pan rallado

vino blanco

aceite virgen extra de oliva

sal - pimienta

🕐 Tiempo de preparación
1 hora y 20 minutos

🍾 Bebida recomendada
Vino blanco seco del Condado de Huelva

Sardinas con tomate

Limpie las sardinas eliminando la espina y la cabeza, lávelas y séquelas.

Páselas por pan rallado, salpimente y reserve.

En una cazuela sofría la cebolla picada hasta que se vuelva transparente, vierta medio vaso de vino, y cuando se evapore, añada los tomates. Salpimente y deje cocer durante 10 minutos.

Vierta la salsa en una bandeja para horno, incorpore las sardinas, eche un chorrito de aceite y deje cocer en el horno a 180° durante 30 minutos. Sirva caliente.

⚖ Ingredientes para 4 personas

1 kg de sardinas

3 dientes de ajo - vinagre

salvia - romero - orégano

harina - sal - aceite para freír

🕐 Tiempo de preparación
1 hora y 30 minutos + 30 minutos de adobo

🍾 Bebida recomendada
Vino blanco seco de la Costa Brava

Sardinas
a las finas hierbas

Limpie las sardinas eliminando espinas y cabezas. Lávelas y séquelas. Dispóngalas en un recipiente grande con las finas hierbas y los dientes de ajo picados. Riegue con una ración generosa de vinagre y déjelas en adobo durante 30 minutos. Escurra las sardinas del adobo y séquelas bien. Páselas por harina y fríalas en abundante aceite caliente; retírelas y déjelas escurrir sobre papel de cocina. Sazone con sal y sirva inmediatamente.

⚖ Ingredientes para 4 personas

700 g de sardinas

100 g de atún en aceite

40 g de queso parmesano rallado

50 g de pan rallado

2 dientes de ajo - 2 huevos

alcaparras - perejil - albahaca

aceite virgen extra de oliva

sal - pimienta

🕐 Tiempo de preparación
1 hora

🍾 Bebida recomendada
Vino rosado de La Mancha

Sardinas rellenas

Limpie las sardinas, retire las espinas y la cabeza. Lávelas y séquelas.

Bata los huevos en un cuenco y añada el atún escurrido, el queso, la mitad del pan rallado y una picada compuesta por un manojo de perejil, unas cuantas hojas de albahaca, algunas alcaparras y el ajo. Salpimente.

Rellene las sardinas con este compuesto, ciérrelas y dispóngalas en una bandeja para horno untada levemente con aceite.

Eche un chorrito de aceite, espolvoree con el pan rallado restante y hornee a 180° durante 30 minutos.

Sirva caliente o tibio.

seguida.

INGREDIENTES PARA 4 PERSONAS

800 g de cigalas

200 g de nata para postres

2 naranjas

1 cebolleta - brandy

mantequilla - laurel - clavo

sal - pimienta

TIEMPO DE PREPARACIÓN
30 MINUTOS

BEBIDA RECOMENDADA
VINO BLANCO DE RIAS BAIXAS

CIGALAS A LA NARANJA

Trinche la cebolleta muy fina y sofríala hasta que se vuelva transparente en una sartén con una nuez de mantequilla. Agregue una ralladura de naranja, una hoja de laurel, dos clavos y las cigalas lavadas y escurridas.

Cueza a fuego vivo durante 5 minutos, baje el fuego y vierta el brandy. Sazone con un poco de sal y mucha pimienta. Agregue el zumo de una naranja y la nata y mezcle despacio durante 2 minutos más. Retire el laurel y los clavos y sirva enseguida.

INGREDIENTES PARA 4 PERSONAS

600 g de colas de cigalas

400 g de pulpa de calabaza

100 g de nata

1,5 dl de cerveza negra

1 puerro

aceite virgen extra de oliva

sal - pimienta

TIEMPO DE PREPARACIÓN
45 MINUTOS

BEBIDA RECOMENDADA
VINO BLANCO AROMÁTICO DEL PENEDÉS

CIGALAS CON CALABAZA A LA CERVEZA NEGRA

Corte la calabaza a dados y escáldela en agua con sal. Escúrrala. Trinche el puerro y páselo por la sartén con 4 cucharadas de aceite; añada la calabaza y sofríala durante 5 minutos. Incorpore las cigalas y sazone con sal; tras 2 minutos, vierta la cerveza. Tape y deje cocer durante 15 minutos, mezclando suavemente de vez en cuando.

Apague el fuego, espese el fondo de cocción con la nata y rectifique de sal y pimienta. Sirva caliente.

INGREDIENTES PARA 4 PERSONAS

1 kg de sepia

1 diente de ajo

1 limón

guindilla

perejil

aceite virgen extra de oliva - sal

TIEMPO DE PREPARACIÓN
1 HORA

BEBIDA RECOMENDADA
VINO BLANCO DE RUEDA

SEPIA AL HORNO

Limpie las sepias y elimine las vísceras delicadamente prestando atención en no romper las sacas. Trinche los tentáculos, mézclelos con dos cucharadas de perejil picado y rellene las sepias con este compuesto. Disponga las sepias rellenas en una bandeja para horno untada en aceite, espolvoree con una picada de ajo y guindilla y sazone con sal. Deje cocer en el horno a 180° durante 30 minutos, regando frecuentemente con el líquido de cocción. Retire las sepias del horno, aliñe con un chorrito de limón y perejil picado y sirva.

INGREDIENTES PARA 4 PERSONAS

1 kg de caballa

1 l de vinagre

2 dientes de ajo

harina

salvia - romero

laurel - orégano

aceite virgen extra de oliva

sal - aceite para freír

 TIEMPO DE PREPARACIÓN
50 MINUTOS

BEBIDA RECOMENDADA
VINO BLANCO DE LA MANCHA

CABALLA EN VINAGRE

Limpie el pescado, quítele las espinas y la cabeza. Lávelo y séquelo. Páselo por harina y fríalo en abundante aceite caliente. Déjelo escurrir en un plato con papel de cocina.

Pique las puntas de un manojo de romero, tres o cuatro hojas de salvia, una hoja de laurel y el ajo. Saltee esta picada en una sartén con algunas cucharadas de aceite y vierta el vinagre lentamente. Deje cocer sin que llegue a hervir durante 5 minutos. Sazone con sal y apague el fuego.

Disponga el pescado en una cazuela con tapa, vierta el vinagre a las finas hierbas (si quiere, también puede filtrarlo) y deje enfriar antes de servir.

 Otro consejo

Este plato está mucho más bueno si se prepara con un par de días de antelación.

 INGREDIENTES PARA 4 PERSONAS

800 g de caballa

2 cebolletas grandes

2 zanahorias

1 pimiento amarillo

1 pimiento verde

1 pimiento rojo

1 diente de ajo

perejil

aceite virgen extra de oliva

sal - pimienta

 TIEMPO DE PREPARACIÓN
45 MINUTOS

BEBIDA RECOMENDADA
VINO BLANCO DE ALICANTE

CABALLA EN PAPILLOTE

Limpie las caballas, lávelas y séquelas.
Prepare una picada con unas ramitas de perejil y el ajo, y rellene las caballas.

Corte las cebolletas a rodajas, pele las zanahorias y córtelas a tiras.

Lave los pimientos, retire las semillas y la parte blanca, y córtelos también a tiras.

Coloque todas las hortalizas en una sartén con aceite y sofríalas a fuego lento durante unos 10 minutos. Salpimente.

Disponga las caballas en una hoja de papel de horno, cúbralas con las hortalizas y el fondo de cocción, cierre el papillote y colóquelo en una bandeja para horno. Introdúzcalo en el horno previamente calentado y deje cocer a 180° durante 20 minutos.

Retire del horno, abra el papillote y sirva enseguida.

INGREDIENTES PARA 4 PERSONAS

800 g de caballas

200 g de tomate tamizado

1 diente de ajo - 20 olivas negras

perejil - alcaparras en sal

aceite virgen extra de oliva

sal - pimienta

 TIEMPO DE PREPARACIÓN
1 HORA

BEBIDA RECOMENDADA
**VINO BLANCO DE COSTERS
DEL SEGRE**

CABALLA CON OLIVAS Y ALCAPARRAS

Limpie las caballas, lávelas y séquelas.

Caliente un poco de aceite en una cazuela, añada las olivas deshuesadas y troceadas y el ajo chafado. Rehogue unos cuantos minutos.

Agregue el tomate tamizado y deje cocer durante 10 minutos. Incorpore las caballas y las alcaparras pasadas por agua. Sazone con sal y deje cocer unos 15 minutos más.

Con el fuego apagado, espolvoree con perejil picado.

 INGREDIENTES PARA 4 PERSONAS

600 g de filetes de caballa

600 g de patatas

1 cebolla - 1 diente de ajo

perejil

aceite virgen extra de oliva

vino

sal - pimienta

 TIEMPO DE PREPARACIÓN
50 MINUTOS

BEBIDA RECOMENDADA
VINO ROSADO DE NAVARRA

CABALLA CON PATATAS

Hierva las patatas con piel sin excederse en el tiempo de cocción para que queden enteras. Pélelas y córtelas en rodajas.

En una bandeja para horno engrasada con aceite, introduzca la cebolla cortada en rodajas e incorpore las patatas encima.

En una cazuela cocine los filetes cubiertos de vino durante 5 minutos. Escúrralos y dispóngalos sobre las patatas. Espolvoree con una picada de ajo y perejil y vierta un chorrito de aceite.

Deje cocer en el horno a 180° durante 20 minutos.

 INGREDIENTES PARA 4 PERSONAS

4 caballas

8 langostinos

2 limones

1 diente de ajo

perejil - pan rallado

aceite virgen extra de oliva

sal - pimienta

 TIEMPO DE PREPARACIÓN
30 MINUTOS + 1 HORA DE REPOSO

BEBIDA RECOMENDADA
VINO BLANCO DE RUEDA

CABALLAS RELLENAS CON CIGALAS

Limpie las caballas, lávelas y séquelas. Mezcle dos cucharadas de pan rallado y una picada de ajo y perejil; salpimente y vierta el zumo de un limón. Amalgame bien todos los ingredientes y rellene las caballas con este compuesto. Dispóngalas en un recipiente junto a las cigalas, vierta un adobo compuesto por aceite, el zumo del otro limón, sal y pimienta y deje reposar durante 1 hora aproximadamente. Deje cocer en el horno ya caliente pintando las caballas con un poco del adobo de vez en cuando.

Sirva caliente.

INGREDIENTES PARA 4 PERSONAS

4 lenguados

300 g de nata

1 limón

1 pepino

estragón - perifollo

eneldo - perejil

mantequilla

sal - pimienta

 TIEMPO DE PREPARACIÓN
40 MINUTOS

BEBIDA RECOMENDADA
VINO BLANCO DE TARRAGONA

LENGUADO CON SALSA DE PEPINO

Limpie los lenguados y quíteles la piel, sin eliminar la cabeza ni la cola. Dispóngalos en una bandeja para horno bien untada en mantequilla y rocíelos con el zumo de un limón. Salpimente y agregue las hierbas en rama y enteras. Cubra con una hoja de papel de aluminio y hornee a 180° durante 10 minutos. Mientras tanto, pele el pepino, córtelo a tiras muy finas y sofríalo en mantequilla durante 3 minutos. Añada la nata y lleve a ebullición sin dejar de remover. Retire los lenguados del horno y vierta la salsa de pepino por encima. Cúbralos con aluminio y continúe con la cocción durante 5 minutos más. Retire las hierbas en rama, píquelas finamente y espolvoree sobre los lenguados.

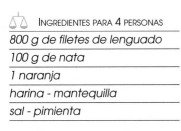 INGREDIENTES PARA 4 PERSONAS

800 g de filetes de lenguado

100 g de nata

1 naranja

harina - mantequilla

sal - pimienta

 TIEMPO DE PREPARACIÓN
20 MINUTOS

BEBIDA RECOMENDADA
VINO BLANCO DE MONTILLA

LENGUADO A LA NARANJA

Pase los filetes por harina y sofríalos en una sartén con una nuez de mantequilla durante 5 minutos por cada lado.

Colóquelos en un plato de servicio y reserve en caliente.

En el fondo de cocción vierta el zumo de naranja, agregue la nata y sazone con sal. Caliente y vierta la salsita resultante sobre el pescado.

Sirva enseguida.

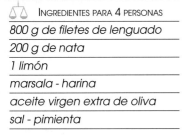 INGREDIENTES PARA 4 PERSONAS

800 g de filetes de lenguado

200 g de nata

1 limón

marsala - harina

aceite virgen extra de oliva

sal - pimienta

 TIEMPO DE PREPARACIÓN
30 MINUTOS

BEBIDA RECOMENDADA
VINO BLANCO DEL CONDADO DE HUELVA

LENGUADO AL MARSALA

Corte el pescado en filetes.

Páselos por harina y dórelos en una sartén con un poco de aceite; luego, añada la ralladura de un limón, un vaso pequeño de marsala y deje que se evapore.

Agregue la nata, salpimente y deje cocer durante algunos minutos.

Sirva caliente.

Ingredientes para 4 personas

4 filetes de lenguado

800 g de mejillones

200 g de nata

1,5 dl de vino blanco

2 escaloñas

tomillo - perejil

estragón

sal - pimienta

Tiempo de preparación
40 minutos + 1 hora de purga

Bebida recomendada
Vino blanco de Conca de Barberá

Lenguado con mejillones al estragón

Rasque los mejillones, elimine el biso y póngalos en remojo con agua y sal durante una hora. Enjuáguelos y póngalos al fuego con la mitad del vino, la escaloña cortada a gajos y el tomillo y el perejil picados. Cuando los mejillones se hayan abierto, escúrralos y descarte las cáscaras vacías. Reserve en caliente y filtre el líquido de cocción.

Salpimente los filetes y cocínelos 5 minutos en una cazuela plana con el líquido de cocción de los mejillones. Dispóngalos en un plato de servicio junto a los mejillones y reserve en caliente. Vierta el vino restante en el líquido de cocción con estragón y lleve a ebullición para que se reduzca. Añada la nata removiendo para que se mezcle bien, salpimente y, en cuanto empiece a hervir de nuevo, apague el fuego. Vierta la salsa sobre el pescado y sirva.

La cocción al vapor

La cocción al vapor es una de las opciones más convenientes para cocinar el pescado, porque su carne, además de no soportar temperaturas demasiado altas, se escama y se abre a causa de los líquidos en ebullición. Según el tipo de plato que desee cocinar, puede obtener unos resultados excepcionales si enriquece el agua de la cazuela normal o de la especial para hervir al vapor con vino, unas gotas de vinagre, una rodaja de limón, apio, laurel, perejil, cebolla, etc.

 Ingredientes para 4 personas

800 g de filetes de lenguado

100 g de pistachos

2,5 dl de leche

1 cebolla

vino blanco

harina - laurel

mantequilla

sal - pimienta en grano

Tiempo de preparación
30 minutos

Bebida recomendada
Vino blanco de aguja del Penedés

Lenguado con salsa de pistachos

Hierva al vapor los filetes metiendo en el agua la cebolla, una hoja de laurel, dos vasos de vino y la pimienta en grano.

Reserve en caliente en un plato de servicio.

En una cazuela disuelva una cucharadita de harina con una nuez de mantequilla, añada la leche sin dejar de remover y los pistachos escaldados y picados. Deje cocer durante unos 10 minutos hasta que se espese un poco, aunque la salsa debe quedar más bien fluida.

Vierta sobre el pescado y sirva enseguida.

Estofado en papillote

 INGREDIENTES PARA 4 PERSONAS

300 g de rape
300 g de mero en filetes
300 g de pez espada en trozos
300 g de calamarcitos
300 g de tomate tamizado
2 escaloñas - 1 diente de ajo
1 guindilla - vino blanco
cilantro deshidratado
semillas de comino
aceite virgen extra de oliva
sal - pimienta

 TIEMPO DE PREPARACIÓN
1 HORA

BEBIDA RECOMENDADA
VINO BLANCO DE ALELLA

Sofría el ajo con dos cucharadas de aceite, añada el tomate tamizado y deje cocer durante unos 30 minutos hasta que la salsa se espese. Sazone con sal y retire el ajo. Mientras tanto, limpie el rape, elimine la piel, la espina y los filamentos, y trocéelo a pedazos bastante grandes; corte los filetes de mero y el pez espada sin piel a trozos del mismo tamaño. Lave y limpie los calamarcitos, trinche las escaloñas y la guindilla, sofríalas con el aceite restante y añada los calamarcitos durante 5 minutos. Riegue con medio vaso de vino y deje cocer durante 10 minutos. Agregue los diversos tipos de pescado, dórelos, riegue con el vino restante, sazone con sal y deje cocer durante 5 minutos. Con el fuego apagado, añada la salsa de tomate, el comino, el cilantro, y mezcle bien. Corte cuatro hojas de papel de aluminio, vierta en cada una de ellas una ración de estofado, enrolle los bordes para cerrar los papillotes, y deje cocer en el horno ya caliente durante 10 minutos a temperatura muy alta. Sirva los papillotes en platos individuales.

INGREDIENTES PARA 4 PERSONAS

*800 g de pez espada
en un solo corte*

20 olivas negras deshuesadas

1 cebolla

1 cucharada de alcaparras

vino blanco

aceite virgen extra de oliva

sal

 TIEMPO DE PREPARACIÓN
15 MINUTOS

 BEBIDA RECOMENDADA
VINO BLANCO DE RUEDA

ESTOFADO DE PEZ ESPADA

Quite la piel del pez espada y córtelo a dados de unos 2 cm.

Caliente levemente dos cucharadas de aceite en una sartén pequeña, incorpore el pescado y media cebolla trinchada y rehogue a fuego moderado; remueva a menudo durante unos 5 minutos hasta que la superficie de los pedazos de pescado se vuelva opaca.

Riegue con medio vaso de vino blanco y deje evaporar.

Añada las alcaparras y las olivas, y cocine todos los ingredientes durante 5 minutos más. Pruebe el plato y rectifique de sal. Sirva enseguida.

BROCHETAS DE CALABACÍN Y LANGOSTINOS

⚖ INGREDIENTES PARA 4 PERSONAS
16 colas de langostinos
4 calabacines pequeños
1 limón
vermú
aceite virgen extra de oliva
sal
pimienta

🕐 TIEMPO DE PREPARACIÓN
**15 MINUTOS + 30 MINUTOS
DE ADOBO**

🍷 BEBIDA RECOMENDADA
**VINO BLANCO
DE RÍAS BAIXAS**

Pele los langostinos en crudo, póngalos en un cuenco con un poco de pimienta, una cucharada de vermú y dos de zumo de limón. Tape el recipiente y deje marinar durante 30 minutos.

Mientras tanto, lave y elimine las puntas de los calabacines, córtelos en tres partes y escáldelos unos pocos minutos en agua hirviendo con sal.

Escurra y seque. Ensarte en la brocheta los calabacines y los langostinos de manera alternada.

Caliente dos cucharadas de aceite en una sartén, introduzca las brochetas, y deje cocer durante 2 minutos por ambas partes, bañando constantemente con el adobo de los langostinos.

Salpimente y sirva caliente.

INGREDIENTES PARA 4 PERSONAS

300 g de rape

200 g de queso rallado grueso

16 langostinos - 8 vieiras

8 tomates redondos pequeños

8 cebolletas grandes

3 limones - 2 rodajas de piña

2 huevos

1 pimiento amarillo pequeño

1 diente de ajo - jengibre - miel

mostaza - cebollinos

sal - pimienta

TIEMPO DE PREPARACIÓN
40 MINUTOS + **20** MINUTOS
DE ADOBO

BEBIDA RECOMENDADA
VINO BLANCO DE ALICANTE

BROCHETAS DE MAR

Corte el rape en ocho pequeños trozos. Abra las vieiras, extraiga los moluscos, quíteles los filamentos y enjuáguelos para eliminar restos de arena.

Pele los langostinos. Corte las rodajas de piña en ocho trozos. Lave los tomates y las cebolletas quitándoles la parte verde. Trocee el pimiento. En un cuenco prepare un adobo compuesto por el zumo de dos limones, el ajo chafado, una cucharadita de jengibre picado, dos cucharaditas de miel y un pellizco de sal. Meta el pescado y las verduras en este adobo durante 20 minutos. Mientras tanto, caliente el horno a 200° C. Ensarte los ingredientes en las brochetas y colóquelas bajo el grill durante unos 10 minutos, mojándolas de vez en cuando con el adobo. Mientras se cocinan las brochetas, prepare la salsa pasando por la batidora el queso rallado, la mostaza, las yemas de los huevos, el zumo del otro limón y la mitad del manojo de los cebollinos. Salpimente y espolvoree con el resto de los cebollinos picados. Sirva las brochetas calientes acompañándolas con la salsa.

INGREDIENTES PARA 4 PERSONAS

750 g de cigalas

8 lonchas de panceta ahumada

8 cebolletas grandes

1 mango maduro

1 diente de ajo - 1 naranja

1 limón - miel - salsa de soja

salsa de chile dulce

perejil - hinojo

aceite virgen extra de oliva

sal - pimienta

 TIEMPO DE PREPARACIÓN
40 MINUTOS

 BEBIDA RECOMENDADA
VINO BLANCO RIBEIRO

BROCHETAS EXÓTICAS

Pele las cigalas y quíteles el filamento oscuro. En un cuenco mezcle una cucharada de zumo de limón, otra de aceite, un manojo de hinojo y uno de perejil picados, sal y pimienta. Añada las cigalas, mezcle bien y guarde en la nevera durante 10 minutos. Mientras tanto, pele el mango y divida una mitad en pequeños dados. Corte las lonchas de panceta ahumada por la mitad y envuelva los dados de mango con ellas. Ensarte las cigalas adobadas, el mango y las cebolletas troceadas en 8 brochetas. Prepare una salsa con la otra mitad del mango, una cucharada de miel, el ajo, una cucharadita de salsa de soja, otra de salsa de chile y el zumo de media naranja. Bátalo todo y caliéntelo en una cazuela a fuego lento. Cocine las brochetas en el grill durante 8 minutos. Sirva bien caliente acompañado de la salsa de mango.

INGREDIENTES PARA 4 PERSONAS

4 trozos de esturión

5 dl de vino blanco

3 tomates

2 dientes de ajo

2 cebollas

1 rama de apio

eneldo

aceite virgen extra de oliva

sal

pimienta

 TIEMPO DE PREPARACIÓN
30 MINUTOS + 4 HORAS DE ADOBO

 BEBIDA RECOMENDADA
VINO ROSADO DEL SOMONTANO

ESTURIÓN EN SALSA

Ponga en un cuenco las cebollas y un ajo picados finamente, el apio cortado a dados y un manojo de eneldo troceado; riegue con vino y mezcle bien todos los ingredientes. Introduzca los trozos de pescado sin piel en este adobo durante 4 horas.

En una cazuela llana sofría el otro ajo picado con cuatro cucharadas de aceite.

Con el fuego apagado, incorpore los trozos de esturión escurridos y secados. Añada los tomates pelados, sin semillas y cortados a dados. Salpimente y vierta dos cucharadas del adobo filtrado.

Deje cocer en el horno ya calentado previamente a 180° durante 20 minutos, girando el pescado a mitad de cocción. Disponga en los platos junto a su salsa y sirva caliente.

TIMBALES DE MERLUZA

INGREDIENTES PARA 4 PERSONAS: *4 filetes de merluza - 125 g de yogur - 90 g de mantequilla - 40 g de harina - 4 dl de caldo de verduras - 1 dl de leche - 5 huevos - 2 cebollas - 2 guindillas frescas - 2 limones - mostaza - mejorana fresca - pan rallado - aceite virgen extra de oliva - sal*

TIEMPO DE PREPARACIÓN
1 HORA Y 30 MINUTOS

BEBIDA RECOMENDADA
VINO BLANCO DE RUEDA

En una cazuela ponga las cebollas trinchadas, las guindillas a rodajitas, una cucharada de mejorana picada, la cáscara de dos limones, un chorrito de aceite y una cucharada de agua. Mezcle bien y deje cocer durante 15 minutos. Reserve. En un recipiente de dos litros de capacidad, mezcle el pan rallado, la leche, el yogur, los filetes de merluza picados y el compuesto anterior. Monte dos claras a punto de nieve e incorpórelas. Sazone con sal. Vierta este compuesto en cuatro moldes individuales untados con un poco de aceite y cueza en el horno al baño María durante 30 minutos. Prepare una salsa en una sartén deshaciendo la mantequilla y añadiendo harina. Deje cocer durante 3 minutos removiendo continuamente. Vierta el caldo y cueza a fuego suave durante 5 minutos sin dejar de remover. Retire del fuego y añada tres yemas de huevo. Agregue dos cucharaditas de mostaza, rectifique de sal y vuelva a poner en el fuego durante 2 minutos más. Desmolde los timbales y sírvalos con la salsa bien caliente.

Ingredientes para 4 personas

4 trozos de atún

150 g de pulpa de tomate

1 cebolla

1 pimiento rojo

1 pimiento amarillo

1 guindilla

pimentón dulce

aceite virgen extra de oliva

sal

 Tiempo de preparación
30 minutos

 Bebida recomendada
Vino rosado de Navarra

Atún con pimientos

Pele la cebolla y córtela a rodajas; lave los pimientos, quíteles el rabillo, las semillas, los filamentos internos y córtelos a tiras grandes. En una cazuela ancha y baja meta la cebolla, los pimientos, la guindilla, sazone con sal y sofría durante 10 minutos. Agregue la pulpa de tomate y continúe con la cocción otros 5 minutos. Incorpore los trozos de atún poniendo atención en que no queden superpuestos, tape y deje cocer durante 10 minutos girándolos a mitad de cocción.

Deje reposar 2 minutos y luego disponga los trozos de atún en un plato de servicio, repartiendo los pimientos, la cebolla y el fondo de cocción por encima. Espolvoree con pimentón y sirva.

MEJILLONES EN SALSA

⚖ INGREDIENTES PARA 4 PERSONAS: *1 kg de mejillones - 600 g de tomates - 2 cebollas - 2 patatas - 2 calabacines - queso de oveja rallado - aceite virgen extra de oliva - sal - pimienta*

🕐 TIEMPO DE PREPARACIÓN
**2 HORAS Y 15 MINUTOS +
1 HORA DE PURGA**

🍷 BEBIDA RECOMENDADA
VINO BLANCO DE RIBEIRA SACRA

Pele las patatas y córtelas en rodajas finas. Corte también los calabacines y la cebolla en rodajas. Lave los mejillones y déjelos que se purguen en agua con sal durante 1 hora. Póngalos en una cazuela a fuego vivo para que se abran. Elimine las cáscaras vacías. Reserve el líquido de cocción filtrado. Unte una bandeja para horno con aceite y disponga primero todas las patatas formando una sola capa y seguidamente realice una segunda capa muy fina de cebollas; sazone con un poco de sal e incorpore los mejillones, cubra con los filetes de tomate y sazone con un poco de pimienta y el queso rallado. Haga una tercera capa con los calabacines y vuelva a repetir la secuencia: cebollas, mejillones, tomates, pimienta y queso rallado, hasta que se acaben los ingredientes. Riegue este preparado con un poco del líquido de cocción de los mejillones y mucho aceite.

Meta el recipiente en el horno y deje cocer tapado a 150° durante 1 hora y 30 minutos, añadiendo agua caliente de vez en cuando.

INGREDIENTES PARA 4 PERSONAS

3 lenguados

200 g de mayonesa

1 manojo de berros

mantequilla

sal

pimienta

 TIEMPO DE PREPARACIÓN
30 MINUTOS

 BEBIDA RECOMENDADA
VINO BLANCO DE TARRAGONA

TRENZA DE LENGUADOS EN SALSA VERDE

Limpie los lenguados y córtelos en filetes con la ayuda de un cuchillo bien afilado para que de cada lenguado resulten cuatro rectángulos perfectos. Divida los filetes en grupos de tres y haga cuatro trenzas. Pinte las trenzas de lenguado con mantequilla fundida y cocínelas en papillote de aluminio durante 15 minutos. Pase la mitad de los berros bien lavados y limpios por la batidora e incorpore la mayonesa mezclando bien. Disponga las trenzas en un plato de servicio, decore con los berros restantes y acompañe con la salsa.

INGREDIENTES PARA 4 PERSONAS

1 kg de salmonetes

100 g de olivas negras

6 tomates - 4 filetes de anchoa

2 limones - 1 diente de ajo

perejil

aceite virgen extra de oliva

sal - pimienta

 TIEMPO DE PREPARACIÓN
1 HORA

 BEBIDA RECOMENDADA
VINO BLANCO DE TERRA ALTA

SALMONETES CON OLIVAS

Pele los tomates, quíteles las semillas y trocéelos. Sofríalos en una cazuela con aceite durante 5 minutos, añada el ajo picado muy finamente, los filetes de anchoa y las olivas. Salpimente y deje cocer otros 5 minutos más.

Escame los salmonetes y límpielos eliminando las vísceras. Lávelos, séquelos y dispóngalos en una bandeja para horno untada en aceite. Incorpore el compuesto de tomates, olivas y anchoas y hornee a 180° durante 25 minutos. Sirva los salmonetes bien calientes en el recipiente de cocción.

INGREDIENTES PARA 4 PERSONAS

1 kg de salmonetes

1 cebolla - 1 limón

1 diente de ajo

vino blanco

orégano - albahaca

aceite virgen extra de oliva

sal - pimienta

 TIEMPO DE PREPARACIÓN
1 HORA Y 20 MINUTOS

 BEBIDA RECOMENDADA
VINO BLANCO DE MONTERREI

SALMONETES A LA PARRILLA

Sofría la cebolla y el ajo picados en una cazuela con aceite, añada un poco de vino y deje evaporar.

Agregue el zumo de limón, un poco de agua hirviendo y deje cocer a fuego lento durante 30 minutos. Con el fuego apagado, sazone con un pellizco de orégano y un buen manojo de albahaca picada.

Limpie y elimine las vísceras de los salmonetes. Lave, seque, salpimente y cocine los salmonetes en la parrilla durante unos 10 minutos girándolos un par de veces. Dispóngalos en un plato de servicio y vierta la salsa muy caliente. Sirva enseguida.

 INGREDIENTES PARA 4 PERSONAS

1 kg de salmonetes

150 g de alcaparras - 1 limón

vino blanco

aceite virgen extra de oliva

sal - pimienta

 TIEMPO DE PREPARACIÓN
1 HORA

 BEBIDA RECOMENDADA
VINO BLANCO JOVEN DE MONTILLA

SALMONETES CON ALCAPARRAS

Limpie los salmonetes y retire las vísceras; lávelos y séquelos. Dore el pescado con aceite, salpimente y vaya rociándolos con el zumo de limón poco a poco.

Incorpore las alcaparras, tape y deje cocer durante 20 minutos dándoles la vuelta cuidadosamente una sola vez.

Sirva caliente.

 INGREDIENTES PARA 4 PERSONAS

1 kg de salmonetes

2 dl de cerveza

2 dientes de ajo - 1 limón

harina - perejil - tomillo - laurel

aceite virgen extra de oliva

sal - pimienta

 TIEMPO DE PREPARACIÓN
1 HORA

BEBIDA RECOMENDADA
CERVEZA NEGRA

SALMONETES A LA CERVEZA

Limpie y elimine las vísceras de los salmonetes; lávelos, séquelos y páselos por harina.

Dispóngalos en una bandeja para horno untada con aceite y sazone con tomillo, laurel y una picada de ajo y perejil.

Salpimente, eche un chorrito de aceite, riegue con la cerveza y deje cocer en el horno a 180° durante 20 minutos.

Sirva caliente.

Ingredientes para 4 personas

1 kg de salmonetes

2,5 dl de vino blanco

1 escaloña -1 diente de ajo

1 sobre de azafrán en escamas

125 g de yogur - maicena

tomillo - semillas de hinojo

pimienta negra en grano

mantequilla

mostaza - sal

 Tiempo de preparación
40 minutos

 Bebida recomendada
Vino blanco de Alicante

Salmonetes con salsa de azafrán

Limpie los salmonetes, escámelos, lávelos y séquelos con papel de cocina. En una cazuela mezcle el vino con la escaloña y el ajo picados, una cucharada de tomillo y otra de semillas de hinojo, diez granos de pimienta molidos, un trozo de mantequilla y sal, y cueza a fuego lento 5 minutos. Incorpore los salmonetes, tape y deje cocer 10 minutos más. Ponga las escamas de azafrán en infusión con cuatro cucharadas de agua caliente. Disponga el pescado en un plato de servicio. Haga reducir el fondo de cocción al fuego, fíltrelo en un cazo añadiendo un poco de líquido procedente del plato de servicio, agregue el azafrán y una cucharada de mostaza y deje que se cocine sin llegar a hervir durante 2 minutos. Añada el yogur con media cucharada de maicena y espese a fuego lento durante 1 minuto. Vierta la salsa sobre los salmonetes y sirva.

 Ingredientes para 4 personas

1 kg de salmonetes

200 g de pulpa de tomate

2 cebollas - 1 diente de ajo

aceite virgen extra de oliva

sal - pimienta

 Tiempo de preparación
50 minutos

 Bebida recomendada
Vino blanco de Alella

Salmonetes con tomate

Sofría las cebollas y el ajo picados con un poco de aceite, añada los tomates, salpimente y deje cocer durante 25 minutos para que la salsa se espese un poco. Incorpore los salmonetes y cueza durante 10-15 minutos.

Sirva caliente.

 Ingredientes para 4 personas

1 trucha asalmonada de 1 kg

200 g de nata - 2 cebolletas

1 limón - vinagre

aceite virgen extra de oliva

sal - pimienta

 Tiempo de preparación
1 hora

 Bebida recomendada
Vino blanco de Rueda

Trucha a la nata ácida

Limpie y lave el pescado, cuézalo al vapor y escúrralo. Quítele la piel y las espinas, y dispóngalo en un plato de servicio reservando en caliente.

En un cuenco ponga la nata y el zumo de limón y deje reposar durante unos diez minutos. Añada las cebolletas cortadas a rodajas finas y el eneldo picado. Salpimente.

Sirva el pescado cubierto con la salsa y espolvoreado con una picada de eneldo.

TRUCHAS CON SALSA DE TOMATE

INGREDIENTES PARA 4 PERSONAS

4 truchas
400 g de pulpa
  de tomate
1 diente de ajo
harina
1 manojo de perejil
aceite virgen extra
  de oliva
sal

TIEMPO DE PREPARACIÓN
45 MINUTOS

BEBIDA RECOMENDADA
VINO ROSADO DE NAVARRA

Haga una picada de ajo y perejil.

Limpie las truchas, lávelas bien y séquelas.

Páselas por harina y sofríalas levemente en una sartén con aceite.

Añada la picada de ajo y perejil, la pulpa de tomate y medio vaso de agua.

Sazone con sal, y deje cocer unos 20 minutos más hasta que la salsa espese.

INGREDIENTES PARA 4 PERSONAS

4 truchas

2 escaloñas

2 zanahorias

2 cebollas

1 rama de apio

setas secas

mantequilla - vino tinto

harina - perejil

aceite virgen extra de oliva

sal - pimienta en grano

TIEMPO DE PREPARACIÓN
40 MINUTOS

BEBIDA RECOMENDADA
VINO TINTO JOVEN DE NAVARRA

TRUCHAS AL VINO TINTO

Escame y quite las vísceras de las truchas. Lávelas y séquelas. Pique el perejil, una cebolla, las escaloñas y unas cuantas setas puestas en remojo y estrujadas; sazone con sal y pimienta. Mezcle bien todos los ingredientes de este compuesto junto a una nuez de mantequilla y rellene el pescado. Disponga las truchas en una bandeja para horno, añada las zanahorias y el apio a trozos, una cebolla cortada por la mitad, sazone, vierta dos vasos de vino y un chorrito de aceite. Cueza en el horno a 180º durante 25 minutos. Disponga las truchas en un plato de servicio y reserve en caliente. Filtre el fondo de cocción. Cuando la salsa esté bien espesa viértala sobre las truchas y sirva enseguida.

Ingredientes para 4 personas

4 truchas

400 g de patatas

100 g de panceta

laurel

aceite virgen extra de oliva

sal

pimienta

 Tiempo de preparación
1 hora

Bebida recomendada
Vino rosado de Cariñena

Truchas con panceta

Corte las patatas a rodajas y rehóguelas en una sartén con un poco de aceite, sal y pimienta. Continúe la cocción durante 20 minutos.

Mientras tanto, limpie y lave las truchas. Salpimente e introduzca una hoja de laurel en el interior de las mismas.

Envuelva las truchas con las lonchas de panceta y dispóngalas en una bandeja para horno untada en aceite; incorpore las patatas escurridas, vierta un chorrito de aceite, algunas cucharadas de agua y deje cocer en el horno a 180° durante 20 minutos. Sirva caliente.

La cocción en papillote

Se trata de uno de los modos de cocción más indicados para preparar el pescado porque permite el «encierro» de su jugo y de su aroma.
Para que la cocción en papillote dé buenos resultados es muy importante que los papillotes (en el caso de raciones individuales) sean del mismo tamaño para que todos se puedan cocinar de manera uniforme.
La cantidad de hierbas y condimentos no debe ser excesiva, porque sus características se acentúan con este tipo de cocción. En ese sentido, muchas personas opinan que cuando se usan condimentos especialmente salados o con un sabor ácido, se debe evitar la utilización de papel de aluminio para realizar los papillotes y recurrir al uso del papel especial para horno u oleaginoso.
Si los papillotes se preparan dándoles la forma adecuada, en saquitos o en pequeños cucuruchos, se pueden servir en la mesa tal cual.

 Ingredientes para 4 personas

4 filetes de trucha asalmonada

8 filetes de anchoas en aceite

3 calabacines - 3 patatas

1 diente de ajo

perejil

aceite virgen extra de oliva

sal - pimienta

 Tiempo de preparación
45 minutos

Bebida recomendada
Vino blanco de Terra Alta

Truchas asalmonadas en papillote

Corte las verduras a rodajas y saltéelas en una sartén con un chorrito de aceite, sal y un ajo chafado.

En la bandeja del horno disponga cuatro papillotes y en cada uno de ellos coloque una capa de verduras, un filete de pescado y otra capa de verduras; finalice con un poco de anchoa desmenuzada, un chorrito de aceite, sal, pimienta y perejil.

Deje cocer en el horno a 180° durante 20 minutos. Sirva los papillotes directamente en los platos.

Ingredientes para 4 personas

800 g de filetes de trucha asalmonada

100 g de queso ahumado

1 huevo - vino blanco - harina

aceite virgen extra de oliva

sal - aceite para freír

  Tiempo de preparación
1 hora y 15 minutos

Bebida recomendada
Vino blanco de Rueda

Truchas asalmonadas ahumadas

Reboce los filetes de trucha pasándolos primero por harina y luego por huevo, y fríalos en abundante aceite caliente. Déjelos escurrir en un plato con papel de cocina, dispóngalos en una bandeja para horno levemente engrasada, cubra con el queso ahumado cortado en rodajas, rocíe con vino blanco y deje cocer en el horno a 160° durante 10 minutos hasta que el queso se funda completamente. Sirva enseguida.

 Ingredientes para 4 personas

4 truchas asalmonadas

2 puerros

1 limón

vino blanco

aceite virgen extra de oliva

sal

pimienta verde

  Tiempo de preparación
35 minutos

Bebida recomendada
Vino blanco de Ribera del Guadiana

Truchas asalmonadas a la pimienta verde

Limpie las truchas y elimine las vísceras; sazónelas con sal por dentro y por fuera.

Rellénelas con unos cuantos granos de pimienta verde y los puerros troceados. Rocíe con vino y con un poco de zumo de limón, tanto el interior como el exterior de las truchas.

Disponga las truchas en una bandeja para horno ligeramente engrasada y deje cocer a 180° durante 20 minutos.

Sirva caliente.

 Ingredientes para 4 personas

4 truchas asalmonadas

6 anchoas

4 dientes de ajo

1 panecillo - 1 limón

alcaparras en vinagre

perejil - orégano

aceite virgen extra de oliva

sal - pimienta

  Tiempo de preparación
45 minutos

Bebida recomendada
Vino rosado de Navarra

Truchas asalmonadas rellenas

Limpie las truchas y quite las vísceras.

Prepare el relleno mezclando la miga del pan puesta a remojo y escurrida, una picada compuesta por una cucharada de perejil, dos dientes de ajo, las alcaparras y las anchoas. Salpimente y rocíe con un chorrito de aceite. Amalgame bien todos los ingredientes y rellene las truchas con este compuesto.

Disponga el pescado en una bandeja engrasada con aceite, rocíe con el zumo de limón, salpimente y espolvoree con orégano. Deje cocer en el horno a 180° durante 20 minutos. Sirva caliente.

ÍNDICE DE RECETAS

CONSEJOS ÚTILES

Impreso en España por
EGEDSA
Rois de Corella, 12-16
08205 Sabadell